Mi bol saludable

Mi bol saludable

Nik Williamson

Introducción

Para empezar, permítame que le cuente cómo surgió mi interés por los cereales y las semillas. En el verano de 2013 dejé el mundo de las finanzas para montar una empresa de restauración. Mis conocimientos de las plantas gramíneas no eran nada del otro mundo; sin embargo, por casualidades de la vida que solo puedo atribuir al destino, me he acabado convirtiendo en una especie de experto en la materia. El caso es que un buen día me pidieron que preparara un desayuno escandinavo para un cliente. A raíz de esto, decidí montar una cafetería *pop-up* llamada Porridge Café, un experimento de un mes de duración, para intentar compartir mi pasión por el *porridge* con el resto del mundo. Cada día, cuando cerraba la cafetería, me ponía a hacer miles de recetas diferentes, y así fue como empecé a interesarme en serio por los cereales y las semillas —como la quinoa, la avena, el centeno, la chía, la espelta, el trigo sarraceno, la cebada, el amaranto, el arroz salvaje y el mijo— y sus maravillosas propiedades nutritivas. Aunque la carta de la cafetería tenía ya treinta platos, una oferta muy ambiciosa para un proyecto tan pequeño, me di cuenta de que todavía me quedaba mucho por descubrir. Los platos a base de cereales ofrecían posibilidades infinitas dada su enorme variedad de texturas y sabores. Estaba fascinado y quería seguir tirando del hilo.

Cuando ya llevaba un tiempo siendo un friki de los cereales y las semillas, decidí que había llegado el momento de compartir con el mundo mis descubrimientos sobre su potencial y a animar a la gente a ser creativa e innovadora en su preparación. Por eso escribí *Mi bol saludable*. Desde los orígenes de la humanidad se consumen todo tipo de granos, lo que podría explicar que tanta gente experimente una sensación familiar y se sienta cómoda cuando prueba los cereales cocidos por primera vez. Servir la comida en boles se ha puesto de moda, probablemente porque este tipo de recipientes resultan muy prácticos en la vorágine de la vida urbana. Por una parte, permiten controlar la ingesta de comida, puesto que el tamaño de la ración es siempre el mismo; por otra, un bol de cereales cocidos, el famoso *porridge* inglés, es reconfortante y práctico, pero también ofrece muchas posibilidades. Se puede tomar caliente o frío, y puede ser dulce o salado, caprichoso o saludable. Si no está seguro de qué es el *porridge*, le diré que no es otra cosa que cereales molidos, como la avena, hervidos con agua o leche de origen animal o vegetal. Partiendo de esta base, se pueden hacer versiones tan sencillas o tan complicadas como se desee, e incluso utilizar semillas y arroz (véase pág. 13). Como son tan versátiles, se pueden servir para desayunar, comer o cenar. ¡En cualquier momento!

El término *porridge*, de origen británico, se empleó por primera vez en un libro de cocina del siglo XVI. Esta preparación guarda cierta relación con el *pottage*, una especie de sopa o guiso con cereales muy popular entre los siglos IX y XVII. Sus orígenes, por lo tanto, no son dulces: la gente utilizaba cereales para espesar sus guisos, igual que hoy en día añadimos harina para dar cuerpo a las salsas. En aquella época no existían los azúcares refinados, así que la mayoría de las recetas eran saladas. Sin embargo, Gran Bretaña no es ni mucho menos el único país que cuenta con este plato en su recetario. En muchas partes del mundo se toman cereales. La diferencia principal reside en el tipo de grano que se usa y en el líquido con el que se cocinan.

Los iberos hicieron gachas de cereales y de legumbres en la península ibérica entre los siglos VIII y V a. C. Durante la Edad Media, en Europa occidental fue muy popular un plato llamado *frumenty*. Elaborado con trigo partido, se cocía en agua o leche y se servía como guarnición de la carne, o bien como plato en sí mismo mezclado con otros muchos ingredientes. En Sicilia se prepara un plato similar, pero más dulce, al menos desde el siglo XVII. Los granos de trigo se hierven con azúcar y, en ocasiones, chocolate; se considera un plato de fiesta y se sirve el 13 de diciembre. Escandinavia y Finlandia, por su parte, cuentan con numerosos platos parecidos. En Noruega son típicos el *gomme*, que se prepara con avena y leche, y el *rømmegrøt*, que lleva harina de trigo, nata, leche, mantequilla y sal. En Finlandia tienen el *helmipuuro*, hecho con fécula de patata y leche, y en Dinamarca son típicos el *øllebrød*, con pan de centeno y cerveza, y el *rødgrød*, a base de fécula de patata y frutos rojos.

En Oriente Próximo también hay muchas recetas parecidas al *porridge*. El *harees*, por ejemplo, es muy similar al *frumenty* en el sentido de que se prepara con trigo partido y se sirve como plato salado. En África encontramos, asimismo, muchos platos de este tipo; en concreto, el *ga'at* en Etiopía, el *konkonte* en Ghana, el *obusuma* en Kenia, el *pap* en Sudáfrica y el *ugali* en buena parte del sur del continente. En todos los casos se trata de preparaciones populares, sencillas, fáciles de hacer y nutritivas.

El *juk* o *jook*, típico de Corea y de otros países del este de Asia, se suele preparar con arroz en lugar de con cereales partidos o en copos.

El arroz es el protagonista del *congee* chino, una especialidad a medio camino entre el *risotto*, el *porridge* y la sopa. En Japón no es tan popular, pero aun así cuenta con un plato llamado *okayu*, una versión algo más consistente del *congee* que se sirve principalmente a las personas enfermas, el equivalente a la milagrosa sopa de pollo occidental. La India tiene dos recetas magníficas: el *koozh* y el *upma*. El primero, a base de mijo, se vende en los puestos callejeros de la región de Tamil; el segundo es típico del sur de la India y se elabora con sémola tostada.

En Norteamérica, el *porridge* se conoce como *oatmeal* y se hace con avena cortada (en Gran Bretaña, el término *oatmeal* designa diversas variedades de copos de avena preparados). Otra especialidad norteamericana son los *grits*, que se preparan con *hominy*, un tipo de maíz molido de textura más gruesa que la de la polenta italiana. En Italia, la polenta es una guarnición muy popular que se utiliza en lugar de puré de patata y se suele condimentar con caldo de carne, parmesano y hierbas aromáticas. Como podemos comprobar, casi todos los países del mundo cuentan en su recetario con un plato simple, económico y nutritivo, que se puede embellecer o reducir a su mínima expresión. Solo he citado algunos ejemplos, pero hay muchos más.

En los últimos años el *porridge* se ha puesto de moda, en parte porque los científicos avalan que es la base de una dieta sana y equilibrada, pero también debido a que los cocineros lo preparan con una variedad cada vez más amplia de cereales e ingredientes extras. Al mismo tiempo, han surgido nuevas marcas que se centran en vender los cereales con un planteamiento moderno y nuevo, atrayendo la atención hacia sus propiedades saludables y despojándolos de aditivos innecesarios; otras ofrecen una selecta gama de leches de origen vegetal (de coco, almendras, avellanas, cáñamo, arroz o soja, entre otras), todas ellas con unas propiedades específicas (las bebidas de arroz y de cáñamo, por ejemplo, no contienen alérgenos y son ricas en ácidos grasos y hierro). Los ingredientes extras, como la crema de cacahuete (sin azúcar ni aceite de palma) y los productos exóticos (como la raíz de maca o las bayas de acai) en polvo, han potenciado las propiedades saludables del *porridge* y lo han convertido en el desayuno más popular.

Las recetas de este libro contienen al menos un 10% de la ingesta diaria recomendada de fibra, magnesio, fósforo, manganeso y vitamina B1 (tiamina). Excepto la avena, el resto también presentan vitamina B3 (niacina). Además, los cereales son ricos en vitaminas y minerales como hierro, cinc, cobre, selenio, vitamina B2 (riboflavina), vitamina B6 (piridoxina) y vitamina B9 (ácido fólico). Como cada grano tiene propiedades diferentes, en *Mi bol saludable* los mezclamos para combinarlas. Los copos de avena, por ejemplo, contienen casi la misma cantidad de proteínas que el peso equivalente en carne de una pechuga de pollo. La quinoa y el amaranto, que cada vez tienen más adeptos, son ricos en proteínas y además contienen hierro y calcio. En cuanto al trigo sarraceno, tiene proteínas, fibra, magnesio, fósforo, cobre, manganeso y vitaminas B2 y B3. Al combinar distintos cereales en una misma receta, conseguimos concentrar en un plato una gran cantidad de vitaminas y minerales.

El éxito del *porridge* ha hecho que surjan cafeterías en ciudades como Nueva York o Copenhague que solo sirven esta especialidad. Lo que demuestra que se puede conseguir que este humilde plato resulte extraordinario al paladar y a la vista. Como sucede con toda la cocina moderna, la estética es decisiva a la hora de tentar a la gente a que pruebe elaboraciones nuevas y diferentes. Gracias a las redes sociales, los cocineros han cambiado la percepción que se tenía del *porridge*, añadiéndole color y logrando diferentes texturas que realzan su versatilidad. Instagram, en concreto, ha permitido a profesionales y aficionados mostrar satisfechos lo que preparan en sus casas, restaurantes o cafeterías. Además, los emplatados de los grandes chefs, con sus estrellas Michelin, han influido en las presentaciones de los aficionados y creado diferentes tendencias.

Con todo, lo más importante es que está delicioso. Si se cuece bien y se combina con los ingredientes adecuados, resulta imposible cansarse de él. El *porridge* es como un lienzo en blanco: siempre listo para que probemos nuevas y sorprendentes elaboraciones (me encanta el ritual de cocer los cereales y de ponerme después a combinar los extras). Además, constituye un desayuno o una cena rápidos y nutritivos. Para mí, la textura es esencial: no me gusta pastoso ni demasiado líquido, prefiero que los granos se noten, como la pasta al dente. Disfruto cuando puedo masticarlos un poco. Algunos lo prefieren más líquido y blando. Cuando lo prepare varias veces, descubrirá qué punto de cocción es su favorito. Otros lo toman frío, como el muesli, y lo empapan en zumo recién exprimido o en alguna de las variedades de leche vegetal, una excelente opción cuando aprieta el calor y no apetece tomar nada caliente.

A la hora de recopilar las recetas de este libro, he tratado de incluir todos los sabores y las técnicas que empleo en mi propia cocina. Encontrará influencias de platos de todo el mundo. En general, he conjugado múltiples sabores para potenciar el resultado final. Como es habitual en cocina, a veces una receta no es más que una fuente de inspiración, un medio para crear algo que se pueda adecuar a los gustos de cada uno. Teniendo esto en cuenta, he empezado el libro con una guía de cocción de los cereales (véase pág. 13) para que tenga una base perfecta sobre la que construir sus creaciones. Lo mejor de este tipo de recetas es que se pueden modificar cada día, o mantenerse fieles a ese sabor reconfortante y familiar que tanto nos gusta.

Cocción de los cereales

Cocción de los cereales

AMARANTO

COCCIÓN

20 MINUTOS

AMARANTO POR PERSONA

50 G

LÍQUIDO POR PERSONA

250 ML

MÉTODO

Ponga el amaranto en un cazo mediano, vierta el líquido y caliéntelo a fuego vivo. Llévelo a ebullición, baje el fuego y remueva sin parar de 15 a 20 minutos, o hasta que espese y adquiera la consistencia deseada.

COPOS DE CEBADA

COCCIÓN

7-8 MINUTOS

COPOS DE CEBADA POR PERSONA

40-50 G

LÍQUIDO POR PERSONA

350 ML

MÉTODO

Ponga la cebada en un cazo mediano, vierta el líquido y caliéntelo a fuego vivo. Llévelo a ebullición, baje el fuego y remueva sin parar unos 7 u 8 minutos, o hasta que espese y adquiera la consistencia deseada.

CEBADA PERLADA

COCCIÓN

45 MINUTOS

CEBADA PERLADA POR PERSONA

80 G

LÍQUIDO POR PERSONA

300 ML

MÉTODO

Siga el procedimiento de las recetas saladas para aportarle sabor a la cebada perlada.

ARROZ VENERE

COCCIÓN

35-45 MINUTOS

ARROZ VENERE POR PERSONA

50 G

LÍQUIDO POR PERSONA

250 ML

MÉTODO

Ponga el arroz en un cazo mediano, vierta el líquido y caliéntelo a fuego vivo. Llévelo a ebullición y baje el fuego. Compruebe varias veces la cocción y remueva de vez en cuando para que no se pegue.

Cocción de los cereales

TRIGO SARRACENO

COCCIÓN

20 MINUTOS

TRIGO SARRACENO POR PERSONA

85 G

LÍQUIDO POR PERSONA

350 ML

MÉTODO

Ponga el trigo en un cazo mediano, vierta el líquido y caliéntelo a fuego vivo. Llévelo a ebullición, baje el fuego y remueva sin parar de 15 a 20 minutos, o hasta que espese y adquiera la consistencia deseada.

COPOS DE KAMUT

COCCIÓN

7-8 MINUTOS

COPOS DE KAMUT POR PERSONA

40-50 G

LÍQUIDO POR PERSONA

475 ML

MÉTODO

Ponga el kamut en un cazo mediano, vierta el líquido y caliéntelo a fuego vivo. Llévelo a ebullición, baje el fuego y remueva sin parar unos 7 u 8 minutos, o hasta que espese y adquiera la consistencia deseada.

MIJO

COCCIÓN

15-20 MINUTOS

MIJO POR PERSONA

65 G

LÍQUIDO POR PERSONA

250 ML

MÉTODO

Ponga el mijo en un cazo mediano, vierta el líquido y caliéntelo a fuego vivo. Llévelo a ebullición, baje el fuego y remueva sin parar de 15 a 20 minutos, o hasta que espese y adquiera la consistencia deseada.

COPOS DE AVENA FINOS

COCCIÓN

4-5 MINUTOS

COPOS DE AVENA FINOS POR PERSONA

50 G

LÍQUIDO POR PERSONA

350 ML

MÉTODO

Ponga la avena en un cazo mediano, vierta el líquido y caliéntelo a fuego vivo. Llévelo a ebullición, baje el fuego y remueva sin parar unos 4 o 5 minutos, o hasta que espese y adquiera la consistencia deseada.

Cocción de los cereales

COPOS DE AVENA GRUESOS

COCCIÓN

7-9 MINUTOS

COPOS DE AVENA GRUESOS POR PERSONA

50 G

LÍQUIDO POR PERSONA

350 ML

MÉTODO

Ponga la avena en un cazo mediano, vierta el líquido y caliéntelo a fuego vivo. Llévelo a ebullición, baje el fuego y remueva sin parar de 7 a 9 minutos, o hasta que espese y adquiera la consistencia deseada.

AVENA CORTADA

COCCIÓN

20 MINUTOS

AVENA CORTADA POR PERSONA

40 G

LÍQUIDO POR PERSONA

350 ML

MÉTODO

Ponga la avena en un cazo mediano, vierta el líquido y caliéntelo a fuego vivo. Llévelo a ebullición, baje el fuego y remueva sin parar de 15 a 20 minutos, o hasta que espese y adquiera la consistencia deseada.

QUINOA NEGRA, ROJA Y BLANCA

COCCIÓN

20 MINUTOS

QUINOA POR PERSONA

50 G

LÍQUIDO POR PERSONA

300 ML

MÉTODO

Ponga la quinoa en un cazo mediano, vierta el líquido y caliéntelo a fuego vivo. Llévelo a ebullición, baje el fuego y remueva sin parar de 15 a 20 minutos, o hasta que espese y adquiera la consistencia deseada.

COPOS DE CENTENO

COCCIÓN

7-8 MINUTOS

COPOS DE CENTENO POR PERSONA

40-50 G

LÍQUIDO POR PERSONA

350 ML

MÉTODO

Ponga el centeno en un cazo mediano, vierta el líquido y caliéntelo a fuego vivo. Llévelo a ebullición, baje el fuego y remueva sin parar unos 7 u 8 minutos, o hasta que espese y adquiera la consistencia deseada.

Cocción de los cereales

COPOS DE ESPELTA

COCCIÓN

7-8 MINUTOS

COPOS DE ESPELTA POR PERSONA

40-50 G

LÍQUIDO POR PERSONA

350 ML

MÉTODO

Ponga la espelta en un cazo mediano, vierta el líquido y caliéntelo a fuego vivo. Llévelo a ebullición, baje el fuego y remueva sin parar unos 7 u 8 minutos, o hasta que espese y adquiera la consistencia deseada.

FARRO (ESPELTA PERLADA)

COCCIÓN

25 MINUTOS

FARRO POR PERSONA

80 G

LÍQUIDO POR PERSONA

300 ML

MÉTODO

Siga el procedimiento de las recetas saladas de los capítulos siguientes para que el grano absorba todo el sabor.

COPOS DE TRIGO

COCCIÓN

7-8 MINUTOS

COPOS DE TRIGO POR PERSONA

40-50 G

LÍQUIDO POR PERSONA

350 ML

MÉTODO

Ponga el trigo en un cazo mediano, vierta el líquido y caliéntelo a fuego vivo. Llévelo a ebullición, baje el fuego y remueva sin parar unos 7 u 8 minutos, o hasta que espese y adquiera la consistencia deseada.

NOTAS DE COCINA

RACIONES

Si prepara un *porridge* básico con copos de avena o con una mezcla de varios cereales, la ración para un desayuno saciante, una vez cocidos, es de 200 a 250 g. Esto no incluye los ingredientes de la cobertura.

A REMOJO, SÍ O NO

Para mí, el sabor no cambia nada; no obstante, algunos cereales como la avena, el centeno, el trigo y la cebada necesitan menos cocción si se remojan previamente. Esto se debe a que el grano absorbe el líquido antes de cocerse.

Dejar los cereales en remojo 1 hora antes de la cocción suele bastar para que absorban el líquido que necesitan. Póngalos en remojo en la cantidad de líquido indicada en la receta, cúbralos y refrigérelos. Puede que tenga que añadir un poco más de líquido cuando empiecen a hervir.

Cereales dulces pero saludables

Cebada y centeno con papaya, manzana y semillas de chía

Para 2 personas
Preparación 5 min
Cocción 10 min

50 g de copos de cebada
50 g de copos de centeno
½ cda. de semillas de chía, y 2 cdtas. más para esparcir
350 ml de leche de coco
1 manzana descorazonada y en láminas finas
½ papaya madura pelada y en dados pequeños
2 cdas. de miel

Ponga la cebada, el centeno y la ½ cucharada de semillas de chía en un cazo mediano. Vierta la leche de coco y 350 ml de agua, y caliéntelo a fuego vivo. Llévelo a ebullición.

Cuando el líquido se empiece a reducir, remuévalo rápido para que el *porridge* no se pegue. Cuézalo 7 u 8 minutos a fuego medio-fuerte, o hasta que adquiera la consistencia deseada, y retírelo del fuego.

Reparta el *porridge* entre 2 boles. Añada la manzana y la papaya, rocíelo con la miel y esparza el resto de las semillas de chía por encima.

Avena con plátano, crema de cacahuete y arándanos negros

Para 2 personas
Preparación 2 min
Cocción 5 min

100 G DE COPOS DE AVENA
350 ML DE LECHE DE ALMENDRAS
1 PLÁTANO EN RODAJAS
2 CDAS. DE CREMA DE CACAHUETE SIN AZÚCAR NI ACEITE DE PALMA
80 G DE ARÁNDANOS (FRESCOS O DESHIDRATADOS)
2 CDAS. DE JARABE DE ARCE (OPCIONAL)
½ CDTA. DE ESPINO AMARILLO EN POLVO (OPCIONAL)

Ponga la avena en un cazo mediano. Vierta la leche de almendras y 350 ml de agua, y caliéntelo a fuego vivo. Llévelo a ebullición.

Cuando el líquido se empiece a reducir, remueva el *porridge* rápidamente para que no se pegue. Cuézalo 5 minutos a fuego medio, o hasta que adquiera la consistencia deseada, y retírelo del fuego.

Reparta el *porridge* entre 2 boles. Añada el plátano, la crema de cacahuete y los arándanos. Si lo desea, rocíelo con el jarabe de arce y espolvoréelo con el espino amarillo en polvo.

Amaranto, kamut y avena con café, nueces y cacao puro

Para 2 personas
Preparación 5 min
Cocción 22 min

60 G DE AMARANTO
350 ML DE LECHE DE ALMENDRAS
30 G DE COPOS DE AVENA
30 G DE COPOS DE KAMUT
2 VASOS DE CHUPITO DE 30 ML DE EXPRESO O 2 VASOS DE CHUPITO DE 30 ML DE CAFÉ CALIENTE
1 PLÁTANO EN RODAJAS FINAS
60 G DE NUECES
4 CDAS. DE VIRUTAS DE CACAO PURO
2 CDAS. DE MIEL

Ponga el amaranto en un cazo mediano. Vierta la leche de almendras y 300 ml de agua, y caliéntelo a fuego vivo. Llévelo a ebullición, baje el fuego al mínimo y cuézalo, tapado, 15 minutos.

Incorpore la avena y el kamut, y suba el fuego a temperatura media. Cuando se haya absorbido casi todo el líquido, añada 1 vaso de café y remueva hasta que el *porridge* adquiera la consistencia deseada. Retírelo del fuego.

Reparta el *porridge* entre 2 boles. Añada el plátano y las nueces, y esparza las virutas de cacao por encima. Por último, rocíelo con el resto del café y la miel.

Trigo sarraceno y avena con grosellas y jengibre

Para 2 personas
Preparación 3 min
Cocción 25 min

50 G DE TRIGO SARRACENO
350 ML DE LECHE DE COCO
50 G DE COPOS DE AVENA
2 CDTAS. DE JENGIBRE FRESCO RALLADO FINO
70 G DE GROSELLAS ESPINOSAS
50 G DE GROSELLAS NEGRAS
1 CDTA. DE STEVIA O 2 CDTAS. DE AZÚCAR EXTRAFINO
2 CDAS. DE UNA MEZCLA DE PIPAS DE GIRASOL Y CALABAZA
2 CDAS. DE MIEL

Ponga el trigo sarraceno en un cazo mediano, vierta la leche de coco y 350 ml de agua, y caliéntelo a fuego medio. Tápelo y llévelo a ebullición suave.

Pasados 15 minutos, añada la avena y, si fuese necesario, 120 ml de agua. Cueza el *porridge* 5 minutos, o hasta que adquiera la consistencia deseada, y retírelo del fuego. Incorpore el jengibre rallado.

Ponga las grosellas negras en un cazo pequeño con 2 cucharadas de agua, y la stevia o el azúcar. Caliéntelas a fuego lento unos minutos para que se ablanden.

Reparta el *porridge* entre 2 boles, y añada las grosellas espinosas y las grosellas negras. Esparza las pipas alrededor de la fruta, rocíelo todo con el jugo que hayan soltado las grosellas negras y la miel, y sírvalo.

Arroz venere y avena con mango, maracuyá y coco

Para 2 personas
Preparación 2 min
Cocción 42-47 min

50 G DE ARROZ VENERE
250 ML DE LECHE DE COCO
50 G DE COPOS DE AVENA
1 MARACUYÁ
½ MANGO EN DADOS
2 CDAS. DE COCO FRESCO O DESHIDRATADO RALLADO
1 LIMA
2 CDAS. DE SIROPE DE AGAVE

Ponga el arroz en un cazo mediano. Vierta la leche de coco y 350 ml de agua, y caliéntelo a fuego vivo. Llévelo a ebullición, baje el fuego al mínimo y cuézalo, tapado, de 35 a 40 minutos.

Incorpore la avena y suba el fuego a temperatura media. Cueza el *porridge*, removiendo, 5 minutos, o hasta que adquiera la consistencia deseada. Retírelo del fuego y repártalo entre 2 boles.

Corte el maracuyá por la mitad y vacíelo con una cuchara. Disponga el mango y la pulpa de maracuyá sobre el *porridge*. Esparza el coco, exprima la lima por encima, rocíelo con el sirope de agave y sírvalo.

Cebada y trigo con arándanos, lichis y pistachos

Para 2 personas
Preparación 15 min
Cocción 7-8 min

- 50 g de copos de cebada
- 50 g de copos de trigo
- 350 ml de leche de coco
- 80 g de arándanos frescos o congelados
- 10 lichis pelados y cortados por la mitad (sin pepitas)
- 4 cdas. de pistachos pelados y picados gruesos
- 2 cdas. de pipas de calabaza
- 2 cdas. de miel

Ponga la cebada y el trigo en un cazo mediano, vierta la leche de coco y 350 ml de agua, y caliéntelo a fuego vivo. Llévelo a ebullición.

Cuando el líquido se empiece a reducir, remuévalo rápido para que el *porridge* no se pegue. Baje el fuego a temperatura medio-alta y cuézalo 7 u 8 minutos, o hasta que adquiera la consistencia deseada. Retírelo del fuego.

Reparta el *porridge* entre 2 boles. Añada los arándanos y los lichis. Esparza los pistachos y las pipas de calabaza por encima, rocíelo con la miel y sírvalo.

Avena, trigo y centeno con licor de flores de saúco, frambuesas y arándanos negros

Para 2 personas
Preparación 5 min
Cocción 7-8 min

50 G DE COPOS DE AVENA
25 G DE COPOS DE TRIGO
25 G DE COPOS DE CENTENO
350 ML DE LECHE DE COCO
2 CDAS. DE LICOR DE FLORES DE SAÚCO
65 G DE FRAMBUESAS
80 G DE ARÁNDANOS
2 CDTAS. DE BAYAS DE GOJI
2 CDTAS. DE VIRUTAS DE CACAO PURO
2 CDTAS. DE COCO FRESCO O DESHIDRATADO RALLADO
2 CDTAS. DE PIPAS DE CALABAZA
2 CDAS. DE MIEL

Ponga la avena, el trigo y el centeno en un cazo mediano, vierta la leche de coco y 350 ml de agua, y caliéntelo a fuego vivo. Llévelo a ebullición.

Cuando el líquido se empiece a reducir, remuévalo rápido para que el *porridge* no se pegue. Baje el fuego a temperatura medio-alta y cuézalo 7 u 8 minutos, o hasta que adquiera la consistencia deseada. Retírelo del fuego.

Incorpore el licor de flores de saúco y reparta el *porridge* entre 2 boles. Añada las frambuesas y los arándanos, y esparza las bayas de goji, las virutas de cacao, el coco y las pipas de calabaza por encima. Rocíelo con la miel y sírvalo.

Avena con ricota, melocotón y nueces de Brasil

PARA 2 PERSONAS
PREPARACIÓN 4 MIN
COCCIÓN 20 MIN

80 G DE AVENA CORTADA
350 ML DE LECHE DE COCO
1 MELOCOTÓN
1 CDA. DE AZÚCAR MORENO
1 PIZCA DE SAL
1 PIZCA DE CANELA MOLIDA
60 G DE RICOTA
1 CDTA. DE PASTA DE VAINILLA
25 G DE NUECES DE BRASIL PICADAS GRUESAS

Ponga la avena en un cazo mediano, vierta la leche de coco y 350 ml de agua, y caliéntelo a fuego medio. Llévelo a ebullición suave, tápelo y cuézalo 20 minutos.

Mientras, corte el melocotón por la mitad, retírele el hueso y corte cada mitad en 6 trozos. Mezcle el azúcar, la sal y la canela en un bol, eche el melocotón y remueva para que se impregne. Caliente una sartén antiadherente a fuego medio-fuerte y caramelice el melocotón durante 3 o 4 minutos, dándole la vuelta cada 30 segundos.

En un bol aparte, bata la ricota con la pasta de vainilla un par de minutos. Resérvela.

Cuando el *porridge* esté cocido, retírelo del fuego y repártalo entre 2 boles. Añada la ricota y el melocotón. Esparza las nueces de Brasil por encima, rocíelo con el jugo caramelizado del melocotón y sírvalo.

Quinoa y avena con yogur, frambuesas y avellanas

Para 2 personas
Preparación 2 min
Cocción 22 min

65 G DE QUINOA
250 ML DE LECHE DE ALMENDRAS O AVELLANAS
50 G DE COPOS DE AVENA
100 G DE FRAMBUESAS
4 CDAS. DE MIEL
120 G DE YOGUR
4 CDAS. DE AVELLANAS PICADAS

Ponga la quinoa en un cazo mediano, vierta la leche de almendras y 250 ml de agua, y caliéntelo a fuego vivo. Llévelo a ebullición, baje el fuego al mínimo y cuézalo, tapado, 15 minutos.

Añada la avena y suba el fuego a temperatura media. Cueza el *porridge*, removiendo, 5 minutos, o hasta que adquiera la consistencia deseada. Si la quinoa absorbiese demasiado líquido, añada otros 120 ml de agua. Retírelo del fuego.

Mientras, ponga las frambuesas en un cazo pequeño, rocíelas con 2 cucharadas de la miel y remueva con cuidado con una cuchara para que se impregnen bien. Cuézalas a fuego lento 3 minutos. Retírelas del fuego.

Reparta el *porridge* entre 2 boles. Añada el yogur y las frambuesas, y esparza las avellanas picadas por encima. Rocíelo con el resto de la miel y sírvalo.

Trigo, centeno y espelta con pera escalfada, moras y albaricoque

Para 2 personas
Preparación 2 min
Cocción 40 min

110 g de azúcar extrafino
1 cdta. de canela molida
2 tiras de piel de limón (cortadas a lo largo con un pelador)
½ cdta. de pasta de vainilla
1 trozo de raíz de jengibre de 2,5 cm pelada
1 pera madura cortada por la mitad a lo largo
35 g de copos de trigo
35 g de copos de centeno
35 g de copos de espelta
350 ml de leche de coco
60 g de moras
1 albaricoque maduro o 2 orejones de albaricoque en rodajas
2 cdas. de miel (opcional)
2 cdas. de yogur griego (opcional)

Ponga el azúcar, la canela, la piel de limón, la vainilla y el jengibre en un cazo en el que quepa la pera. Añada agua hasta llenar medio cazo y llévelo a ebullición. Cuézalo a fuego lento 10 minutos para que el agua se infusione con las especias, agregue la pera, tápelo y escalfe la fruta a fuego lento 30 minutos, o hasta que esté tierna. Si utiliza orejones, añádalos al cazo transcurridos 15 minutos. Retírelo del fuego y resérvelo.

Ponga el trigo, el centeno y la espelta en un cazo mediano, vierta la leche de coco y 350 ml de agua, y caliéntelo a fuego vivo. Llévelo a ebullición. Cuando el líquido se empiece a reducir, remuévalo rápido para que el *porridge* no se pegue. Baje el fuego a temperatura medio-alta y cuézalo durante 7 u 8 minutos, o hasta que adquiera la consistencia deseada. Retírelo del fuego.

Reparta el *porridge* entre 2 boles. Añada la pera, las moras y el albaricoque. Si lo desea, rocíelo con la miel y agregue el yogur.

Avena con crema de cacahuete, trufas de chocolate y plátano

PARA 2 PERSONAS
PREPARACIÓN 2 MIN
COCCIÓN 5 MIN

125 G DE COPOS DE AVENA
4-6 TRUFAS DE CHOCOLATE NEGRO (CON UN 70% DE CACAO COMO MÍNIMO)
350 ML DE LECHE DE ALMENDRAS
1 PLÁTANO EN RODAJAS FINAS
2 CDTAS. DE CREMA DE CACAHUETE
2 CDAS. DE ALMENDRA LAMINADA TOSTADA

Ponga la avena en un cazo mediano, vierta la leche de almendras y 350 ml de agua, y caliéntelo a fuego vivo. Llévelo a ebullición.

Cuando el líquido se empiece a reducir, remuévalo rápido para que el *porridge* no se pegue. Baje el fuego a temperatura medio-alta y cuézalo 5 minutos, o hasta que adquiera la consistencia deseada. Retírelo del fuego.

Reparta el *porridge* entre 2 boles. Añada el plátano y la crema de cacahuete. Esparza la almendra laminada por encima y sírvalo.

Avena con zanahoria caramelizada, calabacín y nueces

Para 2 personas
Preparación 5 min
Cocción 25 min

1 zanahoria, de cultivo ecológico a ser posible
1 cdta. de jarabe de arce
100 g de copos de avena
350 ml de leche de coco
1 calabacín pequeño rallado fino
1 naranja pelada y en rodajas
2 cdas. de nueces
2 cdas. de pipas y semillas variadas (pipas de calabaza y girasol, y semillas de chía y sésamo)

Con un pelador de verduras, corte la zanahoria en láminas finas. Caliente una sartén a fuego medio, y eche la zanahoria y el jarabe de arce. Déjela caramelizar unos 2 minutos, retírela del fuego y resérvela.

Ponga la avena en un cazo mediano, vierta la leche de coco y 350 ml de agua, y caliéntelo a fuego vivo. Llévelo a ebullición.

Cuando el líquido se empiece a reducir, remuévalo rápido para que el *porridge* no se pegue. Baje el fuego a temperatura medio-alta y cuézalo 20 minutos, o hasta que adquiera la consistencia deseada. Incorpore el calabacín rallado, cuézalo 1 minuto y retírelo del fuego.

Reparta el *porridge* entre 2 boles. Añada las rodajas de naranja, las nueces, la zanahoria caramelizada y las pipas y semillas, y sírvalo.

Avena y centeno con ciruelas asadas, cerezas y avellanas encurtidas

Para 2 personas
Preparación 5 min, más toda la noche para marinar
Cocción 25 min

25 g de avellanas
90 ml de vinagre de sidra
1 cda. de stevia y 1 cdta. más para espolvorear, o 2 cdas. de azúcar, y 2 cdtas. más para espolvorear
1 vaina de anís estrellado
½ cdta. de canela molida
2 ciruelas
2 cdas. de jarabe de arce
60 g de cerezas cortadas por la mitad y sin hueso
50 g de copos de avena
50 g de copos de centeno
350 ml de leche de almendras
1 cda. de miel

Ponga las avellanas en un cazo pequeño y añada 150 ml de agua, el vinagre, la stevia o el azúcar, el anís estrellado y la canela, y caliéntelo a fuego lento. Llévelo a ebullición suave y cuézalo 10 minutos. Cuele el líquido sobre un bol. Pique las avellanas y devuélvalas al líquido. Cuando se hayan enfriado, refrigérelas toda la noche.

Precaliente el horno a 180 °C.

Corte las ciruelas por la mitad y retíreles los huesos. Póngalas en un bol refractario y nápelas con el jarabe de arce. Áselas en el horno durante 15 minutos, o hasta que estén tiernas pero no deshechas.

Mientras, ponga las cerezas en un bol y espolvoréelas con la stevia o el azúcar. Déjelas macerar mientras se asan las ciruelas.

Ponga la avena y el centeno en un cazo mediano, vierta la leche de almendras y 350 ml de agua, y caliéntelo a fuego vivo. Llévelo a ebullición. Cuando el líquido se empiece a reducir, remuévalo rápido para que el *porridge* no se pegue. Baje el fuego a temperatura medio-alta y cuézalo durante unos 7 u 8 minutos, o hasta que adquiera la consistencia deseada. Retírelo del fuego.

Reparta el *porridge* entre 2 boles. Añada las ciruelas asadas y las cerezas marinadas, y esparza las avellanas encurtidas por encima. Rocíelo con el líquido que haya sobrado de las ciruelas y las cerezas, y con la miel. Sírvalo.

Mijo y avena con compota de tres frutos rojos, plátano y semillas de lino

PARA 2 PERSONAS
PREPARACIÓN 2 MIN
COCCIÓN 25 MIN

100 G DE MIJO
350 ML DE LECHE DE COCO
100 G DE UNA MEZCLA DE FRAMBUESAS, MORAS Y FRESAS SIN PEDÚNCULO
4 CDAS. DE MIEL
50 G DE COPOS DE AVENA
1 PLÁTANO EN RODAJAS
2 CDTAS. DE SEMILLAS DE LINO

Ponga el mijo en un cazo mediano, y vierta la leche de coco y 350 ml de agua. Caliéntelo a fuego vivo. Llévelo a ebullición, baje el fuego al mínimo y cuézalo, tapado, de 15 a 17 minutos.

Mientras, prepare la compota. Ponga los frutos rojos en un cazo pequeño y añada 2 cucharadas de la miel y 1 cucharada de agua. Caliéntelo a fuego medio-bajo 5 minutos, o hasta que la fruta empiece a ablandarse y absorba la miel. Debe quedar tierna pero sin que pierda la forma.

Incorpore la avena y suba el fuego a temperatura media. Cueza el *porridge* unos 7 u 8 minutos, o hasta que adquiera la consistencia deseada, y retírelo del fuego. Si el mijo absorbiese demasiado líquido, añada un poco más de leche.

Reparta el *porridge* entre 2 boles. Añada la compota de frutos rojos y el plátano, y esparza las semillas de lino por encima. Rocíelo con el resto de la miel y sírvalo.

Quinoa y avena con ruibarbo y almendras garrapiñadas

Para 2 personas
Preparación 3 min, más el tiempo para enfriar
Cocción 35 min

- 1 tallo de ruibarbo cortado en trozos de 4 cm
- ½ cdta. de stevia o 2 cdtas. de azúcar extrafino
- 2 cdtas. de mantequilla
- 4 cdtas. de azúcar extrafino
- 1 pizca de sal
- 3 cdas. de almendra laminada tostada
- 1 cdta. de jengibre en almíbar (opcional)
- 3 cdas. de yogur ecológico (opcional)
- 60 g de quinoa
- 350 ml de leche de almendras
- 50 g de copos de avena
- 2 cdas. de miel

Precaliente el horno a 180 °C. Forre 1 bandeja de horno pequeña con papel vegetal.

Ponga el ruibarbo en una fuente refractaria pequeña, espolvoréelo con la stevia o el azúcar, remueva bien y distribuya los trozos en una sola capa. Áselo en el horno 15 minutos, o hasta que esté tierno pero no deshecho del todo. Retírelo del horno y resérvelo.

Mientras, ponga la mantequilla, el azúcar y la sal en un cazo pequeño y caliéntelo a fuego medio. Deje que borbotee hasta que tome un color marrón dorado, pero sin dejar que se queme. Añada la almendra laminada y remueva para que se impregne bien. Pásela a la bandeja forrada con papel vegetal y deje que se enfríe del todo.

Si lo desea, mezcle el jengibre en almíbar con el yogur, a mano o en una batidora. Resérvelo.

Ponga la quinoa en un cazo mediano, vierta la leche de almendras y 350 ml de agua, y caliéntelo a fuego medio. Llévelo a ebullición suave, tápelo y cuézalo unos 15 minutos. Añada la avena y suba el fuego a temperatura medio-fuerte. Si absorbiese casi todo el líquido, añada otros 60 ml de agua. Cueza el *porridge* 5 minutos, o hasta que adquiera la consistencia deseada, y retírelo del fuego.

Reparta el *porridge* entre 2 boles. Añada las almendras garrapiñadas y el ruibarbo y, si lo desea, el yogur con jengibre. Rocíelo con la miel y sírvalo.

Centeno y avena con manzana, ruibarbo y canela

PARA 2 PERSONAS
PREPARACIÓN 10 MIN
COCCIÓN 15 MIN

2 TALLOS DE RUIBARBO CORTADOS EN TROZOS DE 2 CM
1 CDTA. DE STEVIA O 2 CDTAS. DE AZÚCAR EXTRAFINO
50 G DE COPOS DE CENTENO
350 ML DE LECHE DE ALMENDRAS
50 G DE COPOS DE AVENA
2 CDAS. DE UNA MEZCLA DE PIPAS DE GIRASOL, PIPAS DE CALABAZA Y SEMILLAS DE LINO
1 MANZANA DESCORAZONADA Y EN LÁMINAS FINAS
2 CDTAS. DE CANELA MOLIDA
2 CDAS. DE MIEL

Ponga el ruibarbo en un cazo pequeño y añada el agua justa para cubrirlo. Llévelo a ebullición suave y agregue la stevia o el azúcar. Cueza el ruibarbo a fuego medio-bajo 10 minutos, o hasta que esté tierno pero no deshecho del todo.

Mientras, ponga el centeno en un cazo mediano, vierta la leche de almendras y 350 ml de agua, y caliéntelo a fuego vivo. Llévelo a ebullición. Baje el fuego a temperatura medio-alta y cuézalo 5 minutos. Añada la avena y cueza el *porridge*, removiéndolo, de 5 a 8 minutos, o hasta que adquiera la consistencia deseada. Retírelo del fuego.

Tueste las pipas y las semillas de lino en una sartén a fuego medio, removiendo a menudo, 2 minutos. Tenga cuidado de que no se quemen.

Añada 1 cucharadita de canela al *porridge* y repártalo entre 2 boles. Agregue la manzana, extienda el ruibarbo caliente, esparza las pipas y las semillas de lino tostadas por encima, y espolvoréelo con la canela restante. Rocíelo con la miel y sírvalo.

Quinoa, avena y kamut con nectarina asada, frambuesas y uvas negras

PARA 2 PERSONAS
PREPARACIÓN 5 MIN
COCCIÓN 25 MIN

1 NECTARINA CORTADA POR LA MITAD SIN EL HUESO
40 G DE QUINOA
350 ML DE LECHE DE ALMENDRAS
30 G DE COPOS DE AVENA
30 G DE COPOS DE KAMUT
2 CDTAS. DE CANELA MOLIDA
65 G DE FRAMBUESAS
80 G DE UVAS NEGRAS CORTADAS POR LA MITAD Y SIN PEPITAS
2 CDTAS. DE SEMILLAS DE CHÍA
2 CDAS. DE MIEL

Precaliente el horno a 180 °C.

Ponga las mitades de nectarina con la parte cortada hacia arriba en una bandeja de horno forrada con papel vegetal. Áselas 15 minutos hasta que estén tiernas.

Mientras, ponga la quinoa en un cazo mediano, vierta la leche de almendras y 250 ml de agua, y caliéntelo a fuego medio. Llévelo a ebullición suave, tápelo y cuézalo 15 minutos.

Añada la avena y el kamut a la quinoa, y cueza el *porridge*, removiéndolo, durante 10 minutos, o hasta que adquiera la consistencia deseada. Si la quinoa absorbiese demasiado líquido, añada otros 60 ml de agua. Retírelo del fuego.

Incorpore 1 cucharadita de la canela y repártalo entre 2 boles. Añada la nectarina asada y esparza las frambuesas, las uvas y las semillas de chía por encima. Espolvoréelo con la canela restante, rocíelo con la miel y sírvalo.

Avena y mijo con mango, higos y lima

Para 2 personas
Preparación 5 min
Cocción 20 min

40 G DE AVENA CORTADA
100 G DE MIJO
350 ML DE LECHE DE COCO
LA RALLADURA DE 1 LIMA
½ CDTA. DE STEVIA
O 1 CDTA. DE AZÚCAR EXTRAFINO
½ MANGO EN LÁMINAS FINAS
2 HIGOS EN RODAJAS FINAS
2 CDTAS. DE COCO FRESCO
O DESHIDRATADO RALLADO
2 CDAS. DE MIEL

Ponga la avena y el mijo en un cazo mediano, vierta la leche de coco y 350 ml de agua, y caliéntelo a fuego medio. Llévelo a ebullición suave, tápelo y cuézalo 20 minutos.

En un bol pequeño, mezcle la ralladura de lima con la stevia o el azúcar, y resérvelo.

Reparta el *porridge* entre 2 boles. Añada el mango y los higos, esparza la mezcla de ralladura de lima y el coco rallado por encima, rocíelo con la miel y sírvalo.

Quinoa y cinco cereales con bayas de acai, plátano y albaricoque

PARA 2 PERSONAS
PREPARACIÓN 2 MIN, MÁS EL TIEMPO PARA DESCONGELAR
COCCIÓN 22 MIN

100 G DE PULPA DE BAYAS DE ACAI ECOLÓGICA CONGELADA
60 G DE QUINOA
350 ML DE LECHE DE COCO
50 G DE UNA MEZCLA DE COPOS DE AVENA, CENTENO, TRIGO, CEBADA Y ESPELTA
1 PLÁTANO EN RODAJAS
1 ALBARICOQUE CORTADO POR LA MITAD, SIN HUESO Y EN RODAJAS FINAS
2 CDTAS. DE BAYAS DE GOJI
2 CDTAS. DE SEMILLAS DE CHÍA
2 CDAS. DE MIEL

Deje que la pulpa de bayas de acai se descongele a temperatura ambiente.

Ponga la quinoa en un cazo mediano, vierta la leche de coco y 350 ml de agua, y caliéntelo a fuego medio. Llévelo a ebullición suave, tápelo y cuézalo 15 minutos.

Incorpore el resto de los cereales y suba el fuego a temperatura medio-alta. Si se absorbiese casi todo el líquido, añada otros 60 ml de agua.

Cueza el *porridge*, removiéndolo, 7 minutos, o hasta que adquiera la consistencia deseada. Retírelo del fuego e incorpore la mitad de la pulpa de acai.

Reparta el *porridge* entre 2 boles. Añada el resto de pulpa de acai, el plátano y el albaricoque. Esparza las bayas de goji y las semillas de chía por encima, rocíelo con la miel y sírvalo.

Avena, trigo sarraceno y mijo con naranja sanguina, zanahoria y cardamomo

PARA 2 PERSONAS
PREPARACIÓN 5 MIN
COCCIÓN 20 MIN

40 G DE AVENA CORTADA
25 G DE TRIGO SARRACENO
50 G DE MIJO
350 ML DE LECHE DE COCO
2 ZANAHORIAS
½ CDTA. DE CARDAMOMO MOLIDO
½ CDTA. DE JENGIBRE MOLIDO
1 NARANJA SANGUINA PELADA Y DESGAJADA
2 CDAS. DE NUECES
2 CDAS. DE MASCARPONE O DE OTRA VARIEDAD DE QUESO CREMOSO (OPCIONAL)
2 CDAS. DE MIEL

Ponga la avena, el trigo sarraceno y el mijo en un cazo, vierta la leche de coco y 350 ml de agua, y caliéntelo a fuego medio. Llévelo a ebullición suave, tápelo y cuézalo 20 minutos.

Con un pelador de verduras, corte 1 zanahoria en láminas finas. Ralle fina la otra zanahoria. Resérvelas.

Incorpore el cardamomo y el jengibre al *porridge*, y repártalo entre 2 boles. Disponga la zanahoria rallada, las láminas de zanahoria, los gajos de naranja y las nueces encima. Añada 1 cucharada de mascarpone a cada bol, si lo desea, rocíelo con la miel y sírvalo.

Trigo sarraceno y kamut con naranja, granos de granada y chocolate

Para 2 personas
Preparación 5 min
Cocción 20 min

½ granada
50 g de trigo sarraceno
350 ml de leche de almendras
50 g de copos de kamut
1 naranja pelada y en rodajas
25 g de chocolate negro (con un 70% de cacao como mínimo) rallado
2 cdas. de jarabe de arce

Sujete la media granada con la parte de los granos hacia abajo y golpéela con un rodillo de cocina. De este modo se desprenderán más fácilmente los granos que separándolos a mano. Deseche la cáscara y reserve los granos.

Ponga el trigo sarraceno en un cazo mediano, vierta la leche de almendras y caliéntelo a fuego medio. Llévelo a ebullición suave, tápelo y cuézalo 12 minutos.

Añada el kamut y 350 ml de agua. Cueza el *porridge* otros 8 minutos más, o hasta que adquiera la consistencia deseada. Retírelo del fuego.

Reparta el *porridge* entre 2 boles. Añada la naranja, y esparza los granos de granada y el chocolate rallado por encima. Rocíelo con el jarabe de arce y sírvalo.

Espelta y cebada con compota de albaricoque, yogur y mantequilla de anacardos

Para 2 personas
Preparación 10 min
Cocción 15 min

2 albaricoques muy maduros cortados por la mitad y sin hueso o 4 orejones de albaricoque
4 cdas. de miel
50 g de copos de espelta
50 g de copos de cebada
350 ml de leche de almendras
2 cdas. de mantequilla de anacardos
2-3 cdas. de skyr o yogur griego
2 cdtas. de semillas de lino
2 cdtas. de almendra laminada tostada

Ponga los albaricoques en un cazo pequeño con 4 cucharadas de agua y 2 cucharadas de la miel. Baje el fuego a temperatura media, y cuézalos unos 10 minutos o hasta que estén tiernos. Si los albaricoques no estuvieran tiernos, añada otro par de cucharadas de agua y prosiga con la cocción.

Mientras, ponga la espelta y la cebada en un cazo mediano, vierta la leche de almendras y 350 ml de agua, y caliéntelo a fuego vivo. Llévelo a ebullición. Cuando el líquido se empiece a reducir, remuévalo rápido para que el *porridge* no se pegue. Cuézalo a fuego medio-fuerte de unos 8 a 12 minutos, o hasta que adquiera la consistencia deseada, y retírelo del fuego.

Reparta el *porridge* entre 2 boles. Añada la mantequilla de anacardos y la compota de albaricoque. Agregue el yogur, esparza las semillas de lino y la almendra laminada por encima, y rocíelo con el resto de la miel y el almíbar de los albaricoques que haya quedado en el cazo.

Centeno y avena con puré de fresa, arándanos rojos y canela

Para 2 personas
Preparación 5 min, más 15 min para macerar
Cocción 20 min

- 100 g de fresas sin pedúnculo
- ½ cdta. de stevia o 2 cdtas. de azúcar extrafino
- 50 g de copos de centeno
- 350 ml de leche de coco
- 50 g de copos de avena
- 2 cdtas. de arándanos rojos deshidratados picados gruesos
- 2 cdtas. de semillas de lino
- 2 cdtas. de canela molida
- 2 cdas. de jarabe de arce

Ponga las fresas en un bol y cháfelas en trozos grandes con un tenedor o un chafapatatas. Espolvoréelas con la stevia o el azúcar, remueva y déjelas macerar 15 minutos.

Ponga el centeno en un cazo mediano, vierta la leche de coco y 350 ml de agua, y caliéntelo a fuego vivo. Llévelo a ebullición. Baje el fuego a temperatura medio-alta y cuézalo 5 minutos.

Añada la avena y cueza el *porridge* 5 u 8 minutos, o hasta que adquiera la consistencia deseada. Retírelo del fuego.

Reparta el *porridge* entre 2 boles. Añada las fresas maceradas, incluido el jugo que haya quedado en el bol. Esparza los arándanos y las semillas de lino por encima. Espolvoréelo con la canela, rocíelo con el jarabe de arce y sírvalo.

Cuatro cereales con cerezas, orejones y pistachos

PARA 2 PERSONAS
PREPARACIÓN 5 MIN
COCCIÓN 10 MIN

25 G DE COPOS DE CEBADA
25 G DE COPOS DE TRIGO
25 G DE COPOS DE CENTENO
25 G DE COPOS DE ESPELTA
350 ML DE LECHE DE COCO
65 G DE CEREZAS CORTADAS POR LA MITAD Y SIN HUESO
4 CDAS. DE JARABE DE ARCE
50 G DE OREJONES DE ALBARICOQUE
3 CDAS. DE PISTACHOS PELADOS Y PICADOS GRUESOS
1 CDA. DE SEMILLAS DE LINO (OPCIONAL)

Ponga la cebada, el trigo, el centeno y la espelta en un cazo mediano, vierta la leche de coco y 350 ml de agua, y caliéntelo a fuego vivo. Llévelo a ebullición. Cuando el líquido se empiece a reducir, remuévalo rápido para que el *porridge* no se pegue.

Baje el fuego a temperatura medio-alta y cuézalo 7 u 8 minutos, o hasta que adquiera la consistencia deseada, y retírelo del fuego.

Mientras, ponga las cerezas en un cazo pequeño y añada 2 cucharadas del jarabe de arce y 2 cucharadas de agua. Caliéntelo a fuego lento 3 minutos, hasta que las cerezas empiecen a ablandarse y absorban el jarabe. Deben quedar tiernas, pero sin perder su forma.

Reparta el *porridge* entre 2 boles. Añada las cerezas y los orejones, esparza por encima los pistachos y, si lo desea, las semillas de lino. Rocíelo con el resto del jarabe de arce y sírvalo.

Avena y trigo sarraceno con guindas, yogur de coco y nueces de macadamia

PARA 2 PERSONAS
PREPARACIÓN 5 MIN, MÁS TODA LA NOCHE EN REMOJO O MACERANDO
COCCIÓN 20 MIN

50 G DE GUINDAS FRESCAS O DESHIDRATADAS
½ CDTA. DE STEVIA O 1 CDTA. DE AZÚCAR EXTRAFINO
40 G DE AVENA CORTADA
50 G DE TRIGO SARRACENO
350 ML DE LECHE DE COCO
2 CDAS. DE YOGUR DE COCO
2 CDAS. DE NUECES DE MACADAMIA PICADAS GRUESAS
2 CDAS. DE JARABE DE ARCE

Si utiliza guindas deshidratadas, póngalas en un cazo pequeño, añada agua suficiente para cubrirlas 5 cm y llévelas a ebullición a fuego medio. Retire el cazo del fuego y deje que se enfríen. Déjelas en remojo toda la noche en el frigorífico. Escúrralas y espolvoréelas con la stevia o el azúcar.

Si, por el contrario, utiliza guindas frescas, córtelas por la mitad y retíreles el hueso. Espolvoréelas con la stevia o el azúcar. Déjelas macerar 20 minutos como mínimo.

Ponga la avena y el trigo en un cazo mediano, vierta la leche de coco y 350 ml de agua, y caliéntelo a fuego medio. Llévelo a ebullición suave, tápelo, cuézalo 20 minutos y retírelo del fuego.

Reparta el *porridge* entre 2 boles. Añada las guindas y el yogur de coco. Esparza las nueces de macadamia por encima, rocíelo con el jarabe de arce y sírvalo.

Avena y cebada con mousse de limón, grosellas rojas y albahaca

Para 2 personas
Preparación 5 min
Cocción 7 min

60 ml de nata para montar
35 g de crema de limón (a ser posible, sin azúcar)
50 g de copos de avena
50 g de copos de cebada
350 ml de leche de coco
30 g de grosellas rojas
2-3 hojas de albahaca pequeñas picadas finas
½ cdta. de polen de abejas (opcional)
2 cdas. de miel (opcional)

Monte la nata, incorpore despacio la crema de limón y resérvela.

Ponga la avena y la cebada en un cazo mediano, vierta la leche de coco y 350 ml de agua, y llévelo a ebullición. Cuando el líquido se empiece a reducir, remuévalo rápido para que el *porridge* no se pegue. Baje el fuego a temperatura medio-alta, y cuézalo 7 u 8 minutos, o hasta que adquiera la consistencia deseada. Retírelo del fuego.

Reparta el *porridge* entre 2 boles. Añada la cantidad de mousse de limón que desee. Agregue las grosellas y esparza las hojas de albahaca y el polen de abejas por encima. Rocíelo con la miel, si lo desea, y sírvalo.

Kamut y espelta con maracuyá, pomelo rosa y semillas de chía

Para 2 personas
Preparación 3 min
Cocción 7 min

50 G DE COPOS DE KAMUT
50 G DE COPOS DE ESPELTA
350 ML DE LECHE DE COCO
½ POMELO ROSA PELADO, DESGAJADO Y SIN MEMBRANAS
2 MARACUYÁS CORTADOS POR LA MITAD Y VACIADOS
2 CDTAS. DE SEMILLAS DE CHÍA
2 CDAS. DE MIEL

Ponga el kamut y la espelta en un cazo mediano, vierta la leche de coco y 350 ml de agua, y caliéntelo a fuego vivo. Llévelo a ebullición. Cuando el líquido se empiece a reducir, remueva rápido para que el *porridge* no se pegue.

Baje el fuego a temperatura medio alta y cuézalo 7 minutos, o hasta que adquiera la consistencia deseada. Retírelo del fuego.

Reparta el *porridge* entre 2 boles. Añada los gajos de pomelo y la pulpa de maracuyá, y esparza las semillas de chía por encima. Rocíelo con la miel y sírvalo.

Mijo, amaranto y quinoa con ciruelas, nectarina, pipas y semillas

Para 2 personas
Preparación 5 min
Cocción 20 min

2 CIRUELAS ROJAS O CLAUDIAS PEQUEÑAS MUY MADURAS
1 NECTARINA MADURA
3 CDAS. DE MIJO
3 CDAS. DE AMARANTO
3 CDAS. DE QUINOA
350 ML DE LECHE DE ALMENDRAS
25 G DE COPOS DE AVENA
2 CDAS. DE UNA MEZCLA DE PIPAS DE GIRASOL, PIPAS DE CALABAZA, SEMILLAS DE LINO, SÉSAMO Y SEMILLAS DE CHÍA
1 CDTA. DE CARDAMOMO MOLIDO
2 CDAS. DE MIEL

Corte las ciruelas y la nectarina por la mitad, retíreles el hueso y córtelas de nuevo por la mitad a lo largo. Corte la nectarina en dados. Reserve la fruta.

Ponga el mijo, el amaranto y la quinoa en un cazo mediano, vierta la leche de almendras y 350 ml de agua, y caliéntelo a fuego medio. Llévelo a ebullición suave, tápelo y cuézalo 12 minutos. Incorpore la avena y prosiga con la cocción 8 minutos más.

Mientras, tueste las pipas y las semillas en una sartén a fuego medio 2 minutos. Resérvelo.

Cuando el *porridge* esté cocido, retírelo del fuego y repártalo entre 2 boles. Añada los dados de nectarina y los cuartos de ciruela. Esparza las pipas y semillas tostadas por encima, espolvoréelo con el cardamomo, rocíelo con la miel y sírvalo.

Avena, centeno y trigo con zanahoria, nueces y ciruelas pasas

Para 2 personas
Preparación 10 min
Cocción 7 min

2 ZANAHORIAS
35 G DE COPOS DE AVENA
35 G DE COPOS DE CENTENO
35 G DE COPOS DE TRIGO
350 ML DE LECHE DE COCO
4 CIRUELAS PASAS CORTADAS POR LA MITAD
25 G DE NUECES
2 CDAS. DE UNA MEZCLA DE PIPAS DE GIRASOL, PIPAS DE CALABAZA Y SEMILLAS DE LINO
2 CDAS. DE JARABE DE ARCE

Si dispone de licuadora, licúe las zanahorias y reserve la pulpa y el zumo. En caso contrario, rállelas finas y estruje la ralladura para extraer el zumo. Reserve la zanahoria rallada y el zumo por separado.

Ponga la avena, el centeno y el trigo en un cazo mediano, vierta la leche de coco y 300 ml de agua, y llévelo a ebullición. Cuando el líquido se empiece a reducir, remuévalo rápido para que el *porridge* no se pegue. Incorpore el zumo de zanahoria y cuézalo 7 minutos, o hasta que adquiera la consistencia deseada. Retírelo del fuego.

Reparta el *porridge* entre 2 boles. Añada la pulpa de zanahoria o la zanahoria rallada, y las ciruelas pasas, seguidas de las nueces, las pipas y las semillas. Rocíelo con el jarabe de arce y sírvalo.

Trigo con higos, pacanas, pera asada y vainilla

PARA 2 PERSONAS
PREPARACIÓN 2 MIN
COCCIÓN 20 MIN

1 PERA MADURA
1 CDTA. DE STEVIA O 2 CDTAS. DE AZÚCAR EXTRAFINO
100 G DE COPOS DE TRIGO
700 ML DE LECHE DE ALMENDRAS
2 CDTAS. DE PASTA DE VAINILLA
2 HIGOS EN RODAJAS FINAS
60 G DE PACANAS
2 CDAS. DE MIEL

Precaliente el horno a 180 °C. Forre una bandeja de horno con papel vegetal.

Corte la pera por la mitad a lo largo, espolvoréela con la stevia o el azúcar, y póngala en la bandeja. Ásela durante [illegible] minutos.

Ponga el trigo en un cazo, vierta la leche de almendras y caliéntelo a fuego vivo. Llévelo a ebullición. Cuando el líquido se empiece a reducir, remuévalo rápido para que el *porridge* no se pegue.

Baje el fuego a temperatura medio-alta y cuézalo unos 7 u 8 minutos, o hasta que adquiera la consistencia deseada. Retírelo del fuego.

Incorpore la pasta de vainilla y reparta el *porridge* entre 2 boles. Añada los higos, las pacanas y la pera asada. Rocíelo con la miel y sírvalo.

Amaranto, quinoa y avena con mantequilla de almendras, kiwis y fresas

Para 2 personas
Preparación 5 min
Cocción 25 min

50 G DE AMARANTO
3 CDAS. DE QUINOA
350 ML DE LECHE DE ALMENDRAS
50 G DE COPOS DE AVENA
2 CDAS. DE MANTEQUILLA DE ALMENDRA
2 KIWIS PELADOS Y EN DADOS
50 G DE FRESAS SIN PEDÚNCULO Y EN CUARTOS
2 CDTAS. DE SEMILLAS DE SÉSAMO TOSTADAS
2 CDAS. DE MIEL

Ponga el amaranto y la quinoa en un cazo mediano, vierta la leche de almendras y 350 ml de agua, y caliéntelo a fuego medio. Llévelo a ebullición suave, tápelo y cuézalo 15 minutos.

Incorpore la avena y suba el fuego a temperatura medio-alta. Si se absorbiese casi todo el líquido, añada 60 ml de agua. Cueza el *porridge*, removiéndolo, unos 7 u 8 minutos, o hasta que adquiera la consistencia deseada. Retírelo del fuego.

Reparta el *porridge* entre 2 boles. Añada la mantequilla de almendras, los kiwis y las fresas. Esparza las semillas de sésamo por encima, rocíelo con la miel y sírvalo.

Cereales con carne

Centeno y espelta con huevo escalfado, morcilla y gruyer

Para 2 personas
Preparación 5 min
Cocción 20-25 min

1 CDA. DE MANTEQUILLA
4 RODAJAS DE MORCILLA
1 CDA. DE ACEITE DE OLIVA
1 DIENTE DE AJO PICADO FINO
1 CHALOTA PICADA FINA
50 G DE COPOS DE CENTENO
50 G DE COPOS DE ESPELTA
750 ML DE CALDO DE POLLO
2 HUEVOS
2 CDAS. DE VINAGRE DE VINO BLANCO
4 CDAS. DE GRUYER CORTADO FINO
RÚCULA, PARA ADORNAR
SAL Y PIMIENTA NEGRA

Caliente una sartén a fuego medio. Añada la mantequilla y, cuando burbujee, agregue la morcilla. Dórela por ambos lados 3 minutos. Retírela del fuego y resérvela en la sartén.

Caliente un cazo mediano a fuego medio. Añada el aceite, el ajo y la chalota, y sofríalo 1 minuto antes de añadir el centeno y la espelta. Déjelo al fuego 2 minutos más antes de verter el caldo. Cuézalo 7 u 8 minutos, o hasta que los cereales adquieran la consistencia deseada.

Mientras, lleve agua a ebullición a fuego medio en una cazuela, eche el vinagre y remueva en la dirección de las manecillas del reloj con una cuchara para crear un remolino. Casque los huevos y déjelos caer de uno en uno en el centro del remolino, procurando que no se toquen. Los huevos tardarán 2 o 3 minutos en cocerse. Cuanto más frescos estén, más probabilidades habrá de que queden como un huevo escalfado perfecto. Con una espumadera, empuje con suavidad una clara para ver si ha cuajado; si es así, retire enseguida los huevos del agua y resérvelos en un plato forrado con papel de cocina.

Remueva rápidamente los cereales hasta que el *porridge* adquiera la consistencia deseada. Incorpore 2 cucharadas del gruyer. Salpimiente y reparta el *porridge* entre 2 boles. Añada los huevos escalfados, la morcilla y el resto del gruyer. Sazone con pimienta negra, adórnelo con la rúcula y sírvalo.

Trigo, centeno y cebada con pollo, calamar y chorizo

Para 2 personas
Preparación 10 min
Cocción 15-20 min

4 CDAS. DE ACEITE DE OLIVA
30 G DE CHORIZO DE BUENA CALIDAD EN RODAJAS
2 MUSLOS DE POLLO DESHUESADOS Y EN TROZOS PEQUEÑOS
1 CDTA. DE PIMENTÓN DULCE
1 CDTA. DE ORÉGANO SECO
1 GUINDILLA PEQUEÑA EN DADITOS
1 TOMATE PICADO
½ CEBOLLA PICADA FINA
1 DIENTE DE AJO PICADO FINO
150 G DE UNA MEZCLA DE COPOS DE TRIGO, CENTENO Y CEBADA
720 ML DE CALDO DE PESCADO
1 CDTA. DE RALLADURA FINA DE LIMÓN
100 G DE ANILLAS DE CALAMAR
2 CDAS. DE PEREJIL PICADO
2 CUÑAS DE LIMÓN
SAL Y PIMIENTA NEGRA

Caliente una cazuela de fondo grueso a fuego medio y agregue 2 cucharadas del aceite. Eche el chorizo y el pollo. Cuando el chorizo se empiece a dorar, añada el pimentón, el orégano, la guindilla, el tomate, la cebolla y el ajo. Pasados 2 minutos, incorpore los cereales. Sofríalos unos 3 o 4 minutos, sin dejar de remover para que no se quemen.

Vierta el caldo de pescado, añada la ralladura de limón y sale. Llévelo a ebullición y baje el fuego. Cuézalo a fuego lento de 8 a 10 minutos, o hasta que se haya absorbido todo el líquido y los cereales estén tiernos.

Caliente el resto del aceite en una sartén grande a fuego vivo. Fría el calamar 2 minutos hasta que empiece a tomar color. Salpimiente. Retírelo del fuego.

Reparta los cereales entre 2 platos. Añada las anillas de calamar y esparza el perejil por encima. Sírvalos con las cuñas de limón.

Cebada con salsa de carne

Para 2 personas
Preparación 10 min
Cocción 4½-6½ horas

250 g de aguja de ternera o ternera para guisar
2 cdas. de harina con o sin gluten
3 cdas. de aceite vegetal, para rehogar
1 zanahoria picada fina
1 rama de apio picada fina
2 dientes de ajo aplastados y picados
250 ml de vino tinto
200 g de tomate troceado en conserva
2 cdtas. de concentrado de tomate
2 hojas de laurel
870 ml de caldo de carne
2 cdas. de vinagre de vino tinto
150 g de copos de cebada
1 cdta. de orégano seco
25 g de virutas de parmesano
sal y pimienta negra

Precaliente el horno a 140 °C.

Corte la carne en trozos medianos, póngala en un bol y pásela por la harina mezclada con una pizca generosa de sal y pimienta. Caliente 2 cucharadas del aceite en una sartén a fuego vivo. Eche la carne y fríala hasta que se forme una capa crujiente por ambos lados. Retírela de la sartén y resérvela.

Baje el fuego a temperatura media y añada el resto del aceite en la misma sartén. Rehogue la zanahoria, el apio y el ajo 2 minutos. Vierta el vino y deje que se reduzca un poco.

Pase el contenido de la sartén a una cazuela refractaria de fondo grueso. Incorpore la carne, el tomate, el concentrado de tomate, el laurel, el vinagre y 120 ml del caldo, y sazone con sal y pimienta. Tape la cazuela e introdúzcala en el horno 4 horas como mínimo o, preferiblemente, durante 5 o 6 horas. Si lo prefiere, utilice una olla de cocción lenta en lugar de la cazuela refractaria.

Cuando la carne esté hecha, ponga la cebada en un cazo mediano, añada 750 ml del caldo y caliéntelo a fuego vivo. Llévelo a ebullición. Cuando el líquido se empiece a reducir, remuévalo rápido para que el *porridge* no se pegue.

Baje el fuego a temperatura medio-alta y cuézalo durante 7 u 8 minutos, hasta que adquiera la consistencia deseada. Retírelo del fuego.

Reparta el *porridge* entre 2 boles. Incorpore el orégano a la salsa de carne y dispóngala sobre el *porridge*. Esparza las virutas de parmesano por encima y sírvalo.

Trigo sarraceno con beicon crujiente, aguacate y tomates asados

Para 2 personas
Preparación 10 min
Cocción 1¼ horas

4 LONCHAS DE BEICON
450 G DE TOMATES CHERRY
4 CDAS. DE ACEITE DE OLIVA VIRGEN EXTRA
2 CDTAS. DE ORÉGANO SECO
2 CDAS. DE ACEITE DE OLIVA
1 CEBOLLA PICADA FINA
2 DIENTES DE AJO PICADOS FINOS
175 G DE TRIGO SARRACENO
60 ML DE VINO TINTO
2 CDTAS. DE PARMESANO RALLADO
½ AGUACATE EN LÁMINAS
SAL Y PIMIENTA NEGRA

Caliente una sartén a fuego medio. Eche el beicon, deje que se dore y dele la vuelta para que se tueste por el otro lado. Retire la sartén del fuego, reserve el beicon en un plato forrado con papel de cocina y córtelo en trocitos.

Precaliente el horno a 180 °C.

Ponga los tomates en una fuente refractaria, añada el aceite y deles la vuelta para que se impregnen bien. Condiméntelos con el orégano, sal y pimienta. Áselos en el horno 45 minutos, o hasta que se oscurezcan por los bordes. Retírelos del horno. Reserve varios tomates para adornar y triture el resto en una batidora.

Caliente un cazo mediano a fuego medio. Añada 1 cucharada del aceite, la cebolla y el ajo, y sofríalos 2 o 3 minutos, o hasta que estén traslúcidos. Incorpore el trigo sarraceno y vierta el vino. Cuando el trigo haya absorbido el vino, añada el tomate triturado. Cuézalo 20 minutos, o hasta que se haya absorbido casi todo el tomate. Retírelo del fuego.

Incorpore el parmesano y reparta el trigo entre 2 platos. Añada el aguacate, el beicon y los tomates reservados. Salpimiente y sírvalo.

Farro con cerdo crujiente, coliflor y puré de pasas

PARA 2 PERSONAS
PREPARACIÓN 10 MIN
COCCIÓN 30 MIN

2 ESCALOPES DE CERDO
2 CDAS. DE HARINA, PARA ESPOLVOREAR
150 ML DE NATA ESPESA
150 ML DE LECHE
150 G DE RAMITOS DE COLIFLOR
1 PIZCA DE SAL MARINA
2 CDAS. DE PASAS
60 ML DE VINO BLANCO
2 CDTAS. DE AZÚCAR MORENO
1 CDTA. DE MANTEQUILLA
2 CDAS. DE CHALOTAS PICADAS FINAS
150 G DE FARRO ITALIANO PERLADO (ESPELTA PERLADA)
475 ML DE CALDO DE VERDURAS
1 CDTA. DE TOMILLO PICADO FINO
1 CDA. DE PARMESANO RALLADO
2 CDAS. DE ACEITE DE OLIVA
SAL Y PIMIENTA
BROTES DE GUISANTES, PARA ADORNAR

Ponga los escalopes entre dos trozos de film transparente y aplánelos con un rodillo hasta obtener filetes finos. Retire el film y corte el cerdo en tiras finas. Espolvoréelo con la harina, salpimiéntelo y resérvelo.

Vierta la nata y la leche en un cazo mediano a fuego medio y llévelo a ebullición. Eche la coliflor y una pizca generosa de sal. Cuézalo a fuego suave 5 minutos, o hasta que la coliflor esté tierna. Cuele la coliflor. Reserve 2 ramitos para servir aparte y triture el resto en un robot de cocina. Pase el puré a un bol y limpie el recipiente del robot.

Ponga las pasas, el vino y el azúcar en un cazo, y cuézalo a fuego medio 5 minutos. Retírelo del fuego, deje que se enfríe un poco y tritúrelo en el recipiente limpio del robot.

Caliente la mantequilla en una cazuela a fuego medio y sofría la chalota hasta que se ablande. Añada el farro y remueva para que se impregne de la mantequilla y la chalota. Vierta el caldo, eche el tomillo y cuézalo durante 20 minutos. Cuando se haya absorbido casi todo el líquido, agregue el puré de coliflor y prosiga con la cocción hasta que el farro esté tierno. Agregue el parmesano y salpimiente.

Caliente una sartén a fuego vivo, añada el aceite y fría el cerdo un par de minutos por cada lado hasta que esté crujiente.

Reparta el farro entre 2 boles. Añada el cerdo y una cucharada del puré de pasas. Adórnelo con los brotes de guisantes y sírvalo.

Centeno y trigo sarraceno con salchichón, boletos y parmesano

Para 2 personas
Preparación 10 min, más 15 min en remojo
Cocción 35 min

20 G DE BOLETOS DESHIDRATADOS
1 CDA. DE ACEITE DE OLIVA
1 CDA. DE MANTEQUILLA
50 G DE SALCHICHÓN EN LONCHAS
½ CEBOLLA PICADA FINA
1 DIENTE DE AJO PICADO FINO
2 RAMITAS DE ROMERO CON LAS HOJAS SEPARADAS Y PICADAS
2 RAMITAS DE TOMILLO
85 G DE TRIGO SARRACENO
250 ML DE VINO TINTO
250 ML DE CALDO DE POLLO
50 G DE COPOS DE CENTENO
1 CDA. DE PARMESANO RALLADO
SAL Y PIMIENTA NEGRA

Ponga los boletos en un bol y escáldelos con 250 ml de agua hirviendo, o la cantidad necesaria para cubrirlos. Déjelos en remojo 15 minutos. Cuele los boletos, reservando el líquido, y píquelos en trozos grandes.

Ponga el aceite y la mantequilla en una cazuela grande de fondo grueso a fuego medio y añada el salchichón, la cebolla, el ajo, el romero, el tomillo y los boletos. Sofríalo un par de minutos y salpimiéntelo. Añada el trigo y, sin dejar de remover, vierta el vino y cuézalo 10 minutos, o hasta que se haya absorbido casi todo el líquido.

Incorpore 250 ml del líquido reservado de los boletos, vierta el caldo y cuézalo 10 minutos, o hasta que esté prácticamente seco. Agregue el centeno y prosiga con la cocción 10 minutos más. Pruébelo y rectifique de sal y pimienta si fuese necesario. Retírelo del fuego.

Retire las ramitas de tomillo y repártalo entre 2 boles. Esparza el parmesano por encima y sírvalo.

Ponga la carne en un recipiente hermético y añada el agua justa para cubrirla. Déjela toda la noche en remojo, cambiando dos veces el agua.

Precaliente el horno a 180 °C.

Escurra la carne y póngala en una fuente refractaria grande. Cúbrala por completo con papel de aluminio y ásela durante 3 horas. Retire la carne del horno y suba la temperatura a 200 °C. Mezcle la mostaza con la miel, el azúcar, el clavo y el romero, y unte la carne con el condimento. Devuélvala al horno y ásela 30 minutos.

En estos últimos minutos de cocción, caliente un cazo mediano a fuego medio. Añada 1 cucharada del aceite, toda la mantequilla y la cebolla. Deje sudar la cebolla un par de minutos. Agregue el farro y el vino. Vierta el caldo y cuézalo, removiendo de vez en cuando mientras se absorbe el líquido, 30 o 40 minutos, o hasta que el farro esté tierno. Añada más caldo si fuese necesario.

Caliente una sartén pequeña a fuego medio, eche el aceite restante, fría la morcilla 3 minutos por cada lado y desmenúcela con un tenedor.

Para servir, reparta el farro entre 2 boles y añada el cerdo en filetes, la morcilla desmenuzada y la mermelada de cebolla.

Farro con pierna de cerdo asada, morcilla y mermelada de cebolla

PARA 2 PERSONAS
PREPARACIÓN 10 MIN, MÁS TODA LA NOCHE EN REMOJO
COCCIÓN 3¾ HORAS

500 G DE PIERNA DE CERDO AHUMADA CRUDA (CON UNA CAPA DE GRASA)
3 CDAS. DE MOSTAZA INGLESA
2 CDTAS. DE MIEL
3 CDAS. DE AZÚCAR MORENO
½ CDTA. DE CLAVO MOLIDO
1 CDTA. DE HOJAS DE ROMERO PICADAS
2 CDAS. DE ACEITE DE OLIVA
2 CDTAS. DE MANTEQUILLA
4 CDAS. DE CEBOLLA EN RODAJAS
150 G DE FARRO ITALIANO PERLADO (ESPELTA PERLADA)
1 CHORRITO DE VINO BLANCO SECO
600 ML DE CALDO DE POLLO
4 RODAJAS DE MORCILLA
2 CDAS. DE MERMELADA DE CEBOLLA

Cebada con albóndigas de ternera, calabacín y boletos a la crema

PARA 2 PERSONAS
PREPARACIÓN 10 MIN, MÁS 5 MIN EN REMOJO
COCCIÓN 20-25 MIN

35 G DE BOLETOS DESHIDRATADOS
300 G DE TERNERA PICADA
80 G DE PURÉ DE PATATA
2 CDTAS. DE ENELDO PICADO FINO
1 HUEVO
2 CDAS. DE MANTEQUILLA
½ CHALOTA PICADA FINA
½ DIENTE DE AJO PICADO FINO
½ CALABACÍN EN DADOS
60 ML DE NATA ESPESA
150 G DE COPOS DE CEBADA
720 ML DE CALDO DE CARNE
2 CDAS. DE PARMESANO RALLADO
2 CDTAS. DE PEREJIL PICADO FINO
SAL Y PIMIENTA NEGRA

Ponga los boletos en un bol refractario. Escáldelos con un poco de agua hirviendo y déjelos rehidratar 15 minutos. Cuele los boletos, reservando el líquido, y píquelos en trozos grandes.

Mezcle la carne con el puré de patata, el eneldo y el huevo, y salpimiente. Con las manos, moldee la pasta en forma de albóndigas del tamaño de una nuez.

Caliente un cazo mediano a fuego medio. Añada la mantequilla y déjela espumar antes de añadir las albóndigas, la chalota y el ajo. Sofríalo todo 3 minutos, eche los calabacines y sofría 2 minutos más. Agregue los boletos y la nata, y cuézalo de 5 a 10 minutos. Resérvelo.

Ponga una cazuela a fuego medio, eche la cebada y vierta el caldo. Cuézalo 7 u 8 minutos, o hasta que se haya absorbido el líquido.

Para servir, reparta la cebada entre 2 platos y esparza el parmesano por encima. Añada las albóndigas y la salsa junto a la cebada, y adórnelo con el perejil.

Avena, centeno y espelta con chorizo y huevo escalfado

PARA 2 PERSONAS
PREPARACIÓN 10 MIN
COCCIÓN 10-15 MIN

100 G DE CHORIZO DE BUENA CALIDAD PICADO FINO
10-15 TOMATES CHERRY EN CUARTOS
35 G DE COPOS DE AVENA
35 G DE COPOS DE CENTENO
35 G DE COPOS DE ESPELTA
720 ML DE CALDO DE POLLO
2 CDAS. DE VINAGRE DE VINO BLANCO
2 HUEVOS
½ CDTA. DE ORÉGANO SECO
4 CDAS. DE JARABE DE ARCE
SAL Y PIMIENTA NEGRA

Caliente una sartén a fuego medio-fuerte y ase el chorizo 4 o 5 minutos, removiendo a menudo. Pasados 3 minutos, incorpore los tomates.

Al mismo tiempo, ponga los cereales y el caldo en una cazuela y caliéntelo a fuego vivo. Llévelo a ebullición. Baje el fuego a temperatura medio-alta, y cuézalo 7 u 8 minutos, o hasta que adquiera la consistencia deseada. Retírelo del fuego.

Mientras, lleve agua a ebullición a fuego medio en una cazuela, eche el vinagre y remueva en la dirección de las manecillas del reloj, con una cuchara, para crear un remolino. Casque los huevos y déjelos caer de uno en uno en el centro del remolino, procurando que no se toquen. Los huevos tardarán 2 o 3 minutos en cocerse. Cuanto más frescos estén, más probabilidades habrá de que queden como un huevo escalfado perfecto. Con una espumadera, empuje con suavidad una clara para ver si ha cuajado; si es así, retire enseguida los huevos del agua y resérvelos en un plato forrado con papel de cocina.

Cuando el chorizo se haya dorado y los tomates estén calientes, retírelos del fuego e incorpore el orégano.

Reparta el *porridge* entre 2 boles, y añada la mezcla de chorizo y tomates y un huevo escalfado. Rocíelo con el jarabe de arce, salpiméntelo y sírvalo.

Arroz venere con pollo al estilo asiático

Para 2 personas
Preparación 5 min
Cocción 50 min

2 dientes de ajo pelados
2 cdas. de jengibre picado grueso
1 cdta. de aceite de oliva, y un poco más para rehogar
600 ml de caldo de pollo
100 g de arroz venere
2 muslos grandes de pollo deshuesados
Harina, para espolvorear
2 cdas. de cacahuetes o anacardos con sal picados en trozos grandes
2 cdas. de salsa de soja clara
2 cebolletas picadas en trozos grandes
Sal y pimienta negra

Maje el ajo, el jengibre y el aceite en un mortero (o en un robot de cocina pequeño) hasta obtener una pasta.

Ponga 475 ml del caldo en una cazuela y llévelo a ebullición suave. Eche el arroz y cuézalo, tapado, a fuego lento 30 minutos, o hasta que haya absorbido casi todo el caldo. Retírelo del fuego, tápelo y resérvelo.

Espolvoree los muslos de pollo con un poco de harina. Caliente una sartén pequeña a fuego vivo, vierta un poco de aceite y añada el pollo. No lo mueva ni sacuda la sartén; de este modo, quedará caramelizado.

Pasados un par de minutos, deles la vuelta. Baje un poco el fuego y prosiga con la cocción unos minutos más. Cuando el pollo esté hecho, retírelo de la sartén y sepárelo en hebras sobre una tabla de cortar limpia.

Añada el caldo restante al arroz, junto con la pasta de ajo y jengibre, y remueva a fuego lento 10 minutos.

Reparta el arroz entre 2 boles y añada el pollo, los cacahuetes, la salsa de soja y la cebolleta. Salpimiente y sírvalo.

Cebada y espelta con carrilleras de cerdo braseadas, manzana y parmesano

Para 2 personas
Preparación 20 min
Cocción 2-3 horas para el cerdo y 8-12 min para los cereales

- 300 g de carrilleras de cerdo, o paletilla o panceta de cerdo
- 2 cdas. de aceite de oliva
- 1 cebolla picada fina
- 1 zanahoria picada fina
- 2 dientes de ajo picados finos
- 2 cdtas. de miel
- 2 cdas. de vinagre de vino tinto
- 1 cdta. de mezcla de cinco especias chinas
- 1,2 litros de caldo de pollo
- 1 cda. de mantequilla
- 1 manzana gala pequeña en dados
- 150 g de una mezcla de copos de cebada y espelta
- 2 cdas. de parmesano rallado
- sal y pimienta negra

Retire los nervios de las carrilleras y salpimiéntelas. Caliente una cazuela de fondo grueso a fuego medio-fuerte, añada 1 cucharada del aceite, y fría la carne 3 o 4 minutos por cada lado hasta que se dore. Procure no moverla demasiado durante la cocción. Retírela de la cazuela y resérvela.

Baje el fuego a temperatura media y, en la misma cazuela, añada el resto del aceite, la cebolla, la zanahoria y el ajo. Rehogue las hortalizas 5 minutos, o hasta que se ablanden. Agregue la miel, prosiga con la cocción 2 minutos e incorpore el vino, las especias chinas y 1 litro del caldo. Añada la carne, tape la cazuela y baje el fuego. Cuézalo a fuego lento 2 o 3 horas.

Precaliente el horno a 110 °C. Saque la carne del caldo, retire la grasa y reserve la carne caliente en el horno.

Mientras, ponga la mantequilla con la manzana en otra cazuela, y caliéntela a fuego medio. Déjela caramelizar 2 o 3 minutos, agregue la cebada y la espelta, y salpimiente. Con un cucharón, pase el caldo y las verduras a la cazuela con los cereales, y añada más caldo de pollo si fuese necesario. Necesitará, aproximadamente, 1 litro de caldo. Cuando se haya absorbido casi todo el caldo, incorpore la mitad del parmesano.

Reparta los cereales entre 2 platos. Añada la carne y esparza el parmesano restante por encima.

Cebada perlada con cerdo asado, colinabo y ensalada de brotes

PARA 2 PERSONAS
PREPARACIÓN 15 MIN, MÁS EL TIEMPO PARA REFRIGERAR
COCCIÓN 6 HORAS

PARA EL COLINABO EN ESCABECHE

100 G DE COLINABO (SOLO EL BULBO) LAVADO Y LIMPIO
4 CDAS. DE VINAGRE DE VINO TINTO
4 CDAS. DE AGUA
1 CDTA. DE MIEL
1 CDTA. DE SAL MARINA
½ CDTA. DE JENGIBRE RALLADO FINO
½ DIENTE DE AJO RALLADO
1 PIZCA DE COPOS DE GUINDILLA
¼ DE CDTA. DE PIMIENTA NEGRA EN GRANO

PARA EL CERDO

½ CDTA. DE COMINO MOLIDO
½ CDTA. DE CILANTRO MOLIDO
2 CDTAS. DE PIMENTÓN AHUMADO
2 CDTAS. DE AJO EN POLVO
2 CDAS. DE AZÚCAR MORENO
2 CDTAS. DE SAL MARINA
1 PIZCA DE PIMIENTA NEGRA
400 G DE CERDO DESHUESADO (PALETILLA, PIERNA O CUELLO)
850 ML DE CALDO DE POLLO
150 G DE CEBADA PERLADA
2 CDTAS. DE CHUTNEY DE CEBOLLA ROJA
2 CDAS. DE CHEDDAR RALLADO
2 CDTAS. DE VINAGRE DE SIDRA

PARA SERVIR

1-2 CDAS. DE ACEITE DE OLIVA
1-2 CDAS. DE ZUMO DE LIMÓN
ENSALADA DE BROTES

Con una mandolina, un robot de cocina o un cuchillo afilado, corte el colinabo en juliana. Póngalo en un recipiente con cierre hermético, como un tarro de conserva limpio. Resérvelo.

Ponga el vinagre, el agua, la miel, la sal, el jengibre, el ajo, los copos de guindilla y la pimienta en grano en un cazo mediano a fuego vivo, y llévelo a ebullición. Cuando el escabeche hierva vigorosamente, retírelo del fuego y viértalo con cuidado sobre el colinabo. Déjelo enfriar, tape el recipiente y refrigérelo.

Precaliente el horno a 140 °C.

Mezcle el comino, el cilantro, el pimentón, el ajo, el azúcar, la sal y la pimienta en un bol. Espárzalo por encima de la carne y úntela para que se impregne de los condimentos.

Disponga la carne en una fuente honda refractaria y vierta 250 ml del caldo. Cubra la carne con papel de aluminio y ásela en el horno de 6 a 8 horas, hasta que esté muy tierna.

Cuando la carne esté lista, caliente un cazo mediano a fuego vivo, y añada la cebada perlada y el caldo restante. Llévelo a ebullición, baje el fuego y cuézalo hasta que el caldo se reduzca a la mitad. Agregue el *chutney* de cebolla roja. Cuando el líquido se haya evaporado casi del todo, incorpore el cheddar.

En el momento de servir, incorpore el vinagre de sidra a la cebada y repártala entre 2 platos. Desmenuce la carne y dispóngala encima de la cebada junto con el colinabo en escabeche que desee.

Para preparar una sencilla vinagreta para la ensalada, bata el aceite con el zumo de limón, sal y pimienta. Mezcle la ensalada de brotes con la vinagreta, y sírvala con la cebada y la carne.

Quinoa y trigo sarraceno con chorizo, tomate y berros

Para 2 personas
Preparación 10 min
Cocción 2½ horas

1 CDA. DE ACEITE DE OLIVA
1 CEBOLLA PICADA FINA
2 DIENTES DE AJO PICADOS FINOS
50 G DE CHORIZO DE BUENA CALIDAD EN RODAJAS
60 ML DE VINO TINTO
200 G DE TOMATES PICADOS
½ CEBOLLA ROJA EN RODAJAS
100 G DE JUDIONES EN CONSERVA
1 RAMILLETE DE HIERBAS
40 G DE TRIGO SARRACENO
3 CDAS. DE QUINOA
720 ML DE CALDO DE POLLO
20 G DE BERROS PICADOS EN TROZOS GRANDES, Y 2 RAMITAS PARA ADORNAR
SAL Y PIMIENTA NEGRA

Precaliente el horno a 160 °C.

Caliente el aceite en una cazuela a fuego medio, y sofría la cebolla y el ajo 2 o 3 minutos, o hasta que se ablanden. Añada el chorizo y deje que se dore un poco antes de verter el vino. Cuézalo 4 o 5 minutos.

Pase el chorizo a una cazuela refractaria de fondo grueso junto con el tomate, la cebolla, los judiones, 2 cucharadas de agua y el ramillete de hierbas. Áselo 2 horas en el horno. Si lo prefiere, utilice una olla de cocción lenta, siguiendo el mismo procedimiento, y cuézalo a fuego vivo 2 horas.

Cuando esté hecho, salpimiéntelo y retire el ramillete de hierbas.

Ponga el trigo sarraceno y la quinoa en un cazo mediano, vierta el caldo y caliéntelo a fuego vivo. Llévelo a ebullición, baje el fuego y cuézalo durante 15 minutos, removiendo de vez en cuando.

Incorpore los berros al chorizo. Reparta los cereales entre 2 boles, añada el chorizo, adórnelos con las ramitas de berros y sírvalos.

Farro con cordero braseado, espárragos y crema de ajo

Para 2 personas
Preparación 10 min
Cocción 2¼ horas, más el tiempo para reposar

Para el cordero

- 2 cdas. de aceite de oliva
- 250 g de cuello de cordero
- ½ cebolla en dados pequeños
- 1 diente de ajo picado fino
- 1 rama de apio picada
- 1 zanahoria pequeña picada
- ½ puerro pequeño con la parte blanca en rodajas finas
- 2 cdtas. de tomillo picado
- 2 cdtas. de hojas de romero
- 2 hojas de laurel
- 60 ml de vino blanco seco
- 175 ml de caldo de pollo

Para la crema de ajo

- 1 cda. de aceite vegetal
- 3 dientes de ajo con piel
- 2 cdas. de vino blanco
- 60 ml de nata espesa
- 1 cdta. de mostaza de Dijon

Para el porridge

- 2 cdas. de aceite de oliva
- 4 cdas. de cebolla en rodajas
- 150 g de farro italiano perlado (espelta perlada)
- 1 chorrito de vino blanco seco
- 600 ml de caldo de pollo
- 50 g de espárragos
- 4 cdas. de parmesano rallado

Caliente una cazuela a fuego vivo, añada el aceite y fría la carne unos 3 o 4 minutos por cada lado, o hasta que esté crujiente.

Retire la carne de la sartén y resérvela. En la misma cazuela, ponga la cebolla, el ajo, el apio, la zanahoria, el puerro y las hierbas. Sofríalo a fuego medio 5 minutos, eche el vino, remueva y vierta el caldo. Llévelo a ebullición y devuelva la carne a la cazuela. Tápelo y déjelo cocer a fuego muy lento 2 horas. Déjelo reposar un poco antes de servir.

Mientras, prepare la crema de ajo. Ponga un cazo a fuego lento, y añada el aceite y los dientes de ajo sin pelar. Tápelo y rehogue los ajos 3 minutos. Sacuda el cazo con suavidad y rehóguelo 2 o 3 minutos más. Retire los ajos. Vierta el vino, suba el fuego a temperatura media y agregue la nata. Extraiga la pulpa de los ajos, añádala a la nata, cuézalo 3 minutos a fuego suave y retírelo del fuego. Incorpore la mostaza, páselo todo a un robot de cocina pequeño y tritúrelo hasta obtener una crema homogénea. Resérvela.

Caliente una cazuela a fuego medio y añada 1 cucharada del aceite y la cebolla en rodajas. Deje sudar la cebolla un par de minutos. Agregue el farro y el vino. Vierta caldo suficiente para cubrirlo y cuézalo de 30 a 40 minutos, removiendo de vez en cuando, hasta que se absorba el líquido. Si no estuviese tierno, prosiga con la cocción y añada un poco más de caldo si fuese necesario.

Corte los tallos de los espárragos en rodajas y deje las yemas enteras. Cuando el farro haya absorbido casi todo el caldo, añada los tallos de espárrago. Cuézalo 5 minutos e incorpore la mitad del parmesano.

Mientras, lleve a ebullición una cazuela con agua a fuego vivo. Eche las yemas de los espárragos y escáldelas 2 minutos. Retírelas con una espumadera y resérvelas.

Reparta el farro entre 2 boles. Desmenuce ligeramente la carne antes de añadirla a los boles junto con las yemas de los espárragos y 1 cucharada de la crema de ajo. Esparza el resto del parmesano por encima y sírvalo.

Farro con cordero lechal, colmenillas y avellanas

Para 2 personas
Preparación 15 min
Cocción 40 min

2 CDTAS. DE MANTEQUILLA
2 CDAS. DE CHALOTAS PICADAS FINAS
150 G DE FARRO ITALIANO PERLADO (ESPELTA PERLADA)
600 ML DE CALDO DE VERDURAS
1 CDTA. DE TOMILLO FRESCO PICADO FINO
3 CDAS. DE ACEITE DE OLIVA
8 COLMENILLAS
½ DIENTE DE AJO EN DADOS PEQUEÑOS
2 CDTAS. DE CHALOTA EN DADOS PEQUEÑOS
2 CDTAS. DE VINO BLANCO
80 ML DE CALDO DE POLLO
4 CHULETAS DE CORDERO
1 CDTA. DE PERIFOLLO FRESCO PICADO FINO O ½ CDTA. DE PERIFOLLO SECO
2 CDTAS. DE MASCARPONE
1 CDA. DE PARMESANO RALLADO
2 CDAS. DE MANTEQUILLA FRÍA EN DADOS
2 CDAS. DE AVELLANAS PICADAS GRUESAS
SAL Y PIMIENTA NEGRA

Caliente la mantequilla a fuego medio en una sartén y rehogue la chalota picada hasta que se ablande. Agregue el farro perlado y remueva para que se impregne. Vierta 475 ml del caldo de verduras y añada el tomillo. Tape la sartén y cuézalo de 30 a 40 minutos, removiendo de vez en cuando, hasta que esté tierno. Si absorbiese demasiado líquido, añada el caldo de verduras restante. Retírelo del fuego.

Mientras, ponga un cazo mediano a fuego medio, eche 2 cucharadas del aceite y sofría las colmenillas, el ajo y la chalota en dados hasta que se doren. Agregue el vino, tape el cazo, espere de 30 a 60 segundos a que se evapore el alcohol, y vierta el caldo de pollo. Tápelo y cuézalo de 6 a 8 minutos, hasta que se absorba el líquido. Retírelo del fuego y reserve las colmenillas.

Antes de que el farro esté completamente cocido, ponga una sartén a fuego medio-fuerte y añada la cucharada de aceite restante. Salpimiente el cordero y áselo en la sartén 1 o 2 minutos por cada lado (debe quedar poco hecho).

Para terminar, incorpore el perifollo, el mascarpone, el parmesano y la mantequilla en dados al farro, y repártalo entre 2 platos. Añada las colmenillas y el cordero, esparza las avellanas por encima y sírvalo.

Para preparar la crema de perejil, mezcle el vino con el ajo y la chalota en un cazo de fondo grueso. Cuézalo a fuego medio 3 o 4 minutos, o hasta que se reduzca a un tercio. Incorpore la nata y el perejil (unas 4 cucharadas), y prosiga con la cocción 2 o 3 minutos, o hasta que la salsa vuelva a mermar a un tercio. Pásela a una batidora o a un robot de cocina pequeño, y tritúrela hasta que el perejil quede bien picado.

Precaliente el horno a 180 °C. Salpimiente las paletillas de conejo y envuélvalas en la panceta. Póngalas en una fuente refractaria pequeña y vierta el caldo. Áselas de 35 a 40 minutos, retírelas del horno y déjelas reposar 5 minutos.

Mientras, prepare el *porridge*. Caliente la mantequilla en una sartén a fuego medio. Cuando burbujee, eche el ajo, los champiñones, el apio, la cebolla y las hojas de tomillo. Sofríalo 2 minutos y vierta el vino. Cuézalo 3 minutos, añada el caldo y salpimiente. Incorpore la cebada perlada, tápelo y cuézalo a fuego lento 20 minutos.

Añada el apionabo y prosiga con la cocción otros 20 minutos, o hasta que la cebada y el apionabo estén tiernos y se haya absorbido el caldo. Salpimiéntelo.

Reparta la cebada con apionabo entre 2 platos. Añada las paletillas de conejo y la crema de perejil.

Cebada perlada con conejo asado, apionabo y crema de perejil

Para 2 personas
Preparación 15 min
Cocción 45 min

2 PALETILLAS DE CONEJO
4 LONCHAS DE PANCETA CURADA
60 ML DE CALDO DE POLLO
SAL Y PIMIENTA NEGRA

Para el porridge

1 CDA. DE MANTEQUILLA
2 DIENTES DE AJO PICADOS
25 G DE CHAMPIÑONES EN LÁMINAS
¼ DE RAMA DE APIO PICADA FINA
¼ DE CEBOLLA PICADA FINA
HOJAS DE 1 RAMITA DE TOMILLO
350 ML DE VINO BLANCO
350 ML DE CALDO DE POLLO
150 G DE CEBADA PERLADA
40 G DE APIONABO EN DADOS DE 1 CM

Para la crema de perejil

3 CDAS. DE VINO BLANCO SECO
½ DIENTE GRANDE DE AJO PICADO FINO
½ CHALOTA PICADA FINA
3 CDAS. DE NATA PARA MONTAR
2 CDAS. DE PEREJIL PICADO

Avena, centeno y trigo con huevo escalfado, beicon crujiente y jarabe de arce

Para 2 personas
Preparación 5 min
Cocción 10 min

35 G DE COPOS DE AVENA
35 G DE COPOS DE CENTENO
35 G DE COPOS DE TRIGO
720 ML DE CALDO DE POLLO
2 CDAS. DE VINAGRE DE VINO BLANCO
4 HUEVOS
6 LONCHAS DE BEICON
6 CDAS. DE JARABE DE ARCE
SAL Y PIMIENTA

Llene medio cazo con agua y caliéntela a fuego vivo. Llévela a ebullición y baje el fuego.

Ponga los cereales con el caldo en una olla y caliéntelo a fuego vivo. Llévelo a ebullición. Baje el fuego a temperatura medio-alta y cueza el *porridge* 7 u 8 minutos, hasta que adquiera la consistencia deseada. Retírelo del fuego.

Mientras, cuando el *porridge* lleve 4 minutos de cocción, vierta el vinagre en el cazo y remueva en la dirección de las manecillas del reloj, con una cuchara, para crear un remolino. Casque los huevos y déjelos caer de uno en uno en el centro del remolino, procurando que no se toquen. Los huevos tardarán 2 o 3 minutos en cocerse. Cuanto más frescos estén, más probabilidades habrá de que queden como un huevo escalfado perfecto. Con una espumadera, empuje con suavidad una clara para ver si ha cuajado; de ser así, retire enseguida los huevos del agua y resérvelos en un plato forrado con papel de cocina.

Caliente una sartén a fuego medio-fuerte y ase el beicon. Cuando esté crujiente por ambos lados, retírelo de la sartén y póngalo en un plato forrado con papel de cocina.

Reparta el *porridge* entre 2 boles. Añada los huevos escalfados y las lonchas de beicon. Rocíelo con el jarabe de arce, salpimiéntelo y sírvalo.

Farro con requesón de cabra, habas y panceta

Para 2 personas
Preparación 5 min
Cocción 40 min

4 cdas. de aceite de oliva
2 cdtas. de mantequilla
4 cdas. de cebolla en rodajas
150 g de farro italiano perlado (espelta perlada)
2 cdas. de vino blanco seco
600 ml de caldo de verduras
1 puerro (solo la parte blanca) en rodajas finas
80 g de habas
4 cdas. de requesón de cabra o queso de cabra tierno
2 lonchas de panceta curada
sal y pimienta

Ponga 1 cucharada del aceite, 1 cucharadita de la mantequilla y la cebolla en una cazuela a fuego medio. Deje sudar la cebolla 1 o 2 minutos, y añada el farro y el vino. Vierta el caldo hasta cubrir el farro. Cuézalo durante 40 minutos, o hasta que esté tierno y blando, removiendo a menudo mientras absorbe el caldo. Si absorbiese demasiado líquido, añada más caldo.

Mientras, caliente un cazo pequeño a fuego medio y añada el resto del aceite y la mantequilla. Cuando la grasa burbujee, rehogue el puerro 8 minutos, o hasta que empiece a estar tierno.

Ponga a hervir agua con sal, escalde las habas 2 o 3 minutos, escúrralas y resérvelas.

Caliente una sartén a fuego vivo y ase la panceta por ambos lados hasta que esté crujiente.

Cuando el farro esté cocido, incorpore el puerro y la mitad de las habas, y salpimiente. Reparta el farro entre 2 boles. Añada el requesón o el queso de cabra, y las habas restantes. Desmenuce la panceta por encima y sírvalo.

Cebada perlada con pato al vodka, anís estrellado y tomillo limonero

Para 2 personas
Preparación 10 min, más 12 horas para marinar
Cocción 1¼ horas

- 120 ML DE VODKA
- 2 VAINAS DE ANÍS ESTRELLADO
- 4 CLAVOS ENTEROS
- 1 CDTA. DE PIMIENTA NEGRA RECIÉN MOLIDA
- ½ CDTA. DE SAL
- 2 MUSLOS DE PATO
- 2 ZANAHORIAS PEQUEÑAS
- 2 CDAS. DE VINAGRE DE SIDRA
- 1 CDTA. DE HOJAS DE TOMILLO LIMONERO, Y ALGUNAS MÁS PARA ESPARCIR
- 600 ML DE CALDO DE POLLO
- 150 G DE CEBADA PERLADA
- 4 CDAS. DE NATA PARA MONTAR
- 2 CDAS. DE PARMESANO RALLADO

Mezcle el vodka con el anís estrellado, los clavos, la pimienta y la sal en un bol. Añada los muslos de pato y remueva para que se impregnen bien. Tape el bol con film transparente y refrigérelo 12 horas como mínimo, dándole la vuelta a los muslos pasadas 6 horas

Pele las zanahorias y, con un pelador de verduras, córtelas en láminas finas y largas. Ponga la zanahoria en un bol, añada el vinagre y el tomillo limonero, y salpimiente. Resérvela en el frigorífico.

Precaliente el horno a 180 °C.

Ponga los muslos de pato en una fuente refractaria, sálelos ligeramente y áselos en el horno 1 hora. Apague el horno y déjelos reposar con la puerta abierta 10 minutos.

Pasados 30 minutos de cocción de los muslos de pato, vierta 475 ml del caldo en un cazo mediano y llévelo a ebullición a fuego medio. Incorpore la cebada perlada y cuézalo a fuego medio-bajo 30 minutos.

Cuando se haya absorbido casi todo el líquido, vierta la nata y el resto del caldo. Cuézalo de 10 a 15 minutos, hasta que prácticamente no quede caldo, e incorpore el parmesano.

Reparta la cebada perlada entre 2 platos. Disponga un muslo de pato en cada plato y añada las láminas de zanahoria. Esparza unas hojas de tomillo limonero por encima y sírvalo.

Farro con espárragos, jamón serrano y salsa verde

Para 2 personas
Preparación 10 min
Cocción 45 min

Para la salsa verde

½ DIENTE DE AJO
1 CDTA. DE ALCAPARRAS
1 CDTA. DE MOSTAZA DE DIJON
1 CDTA. DE VINAGRE DE VINO TINTO
1 CDA. DE ALBAHACA PICADA
1 CDA. DE PEREJIL PICADO
1 CDA. DE MENTA PICADA
2 CDAS. DE ACEITE DE OLIVA
SAL Y PIMIENTA

Para el porridge

2 CDAS. DE ACEITE DE OLIVA
4 CDAS. DE CEBOLLA EN RODAJAS
150 G DE FARRO ITALIANO PERLADO (ESPELTA PERLADA)
1-2 CHORRITOS DE VINO BLANCO SECO
600 ML DE CALDO DE VERDURAS
50 G DE ESPÁRRAGOS
2 CDTAS. DE PARMESANO RALLADO
1 CDA. DE MANTEQUILLA
40 G DE JAMÓN SERRANO CORTADO EN CINTAS

Primero, prepare la salsa verde. Introduzca todos los ingredientes en un robot de cocina, acciónelo en intervalos cortos, hasta obtener una pasta gruesa, y salpimiéntela.

Para preparar el *porridge*, caliente un cazo mediano a fuego medio y añada 1 cucharada del aceite y la cebolla. Deje sudar la cebolla un par de minutos, y añada el farro y un chorrito de vino.

Vierta 475 ml del caldo. Remueva de vez en cuando y cuézalo 40 minutos, o hasta que el farro esté tierno. Si aún estuviese crudo, prosiga con la cocción y añada el caldo restante.

Corte los tallos de los espárragos en rodajas y deje las yemas enteras. Cuando se haya absorbido casi todo el caldo, añada los tallos y cuézalos 5 minutos. Incorpore el parmesano y la mantequilla.

Mientras, lleve a ebullición un cazo con agua a fuego vivo. Eche las yemas de los espárragos y escáldelas 2 minutos. Retírelas con una espumadera y resérvelas.

Reparta el farro con espárragos entre 2 boles. Añada las yemas de espárrago, las cintas de jamón y 1 cucharada de salsa verde, y sírvalo.

Farro con venado asado, remolacha y chucrut

Para 2 personas
Preparación 15 min
Cocción 2-3 horas como mínimo

¼ de cdta. de clavo molido
¼ de cdta. de pimienta de Jamaica molida
¼ de cdta. de nuez moscada molida
½ cdta. de sal
¼ de cdta. de pimienta negra molida
500 g de paletilla de venado en dados
2 cdas. de aceite de girasol
600 ml de vino tinto de buena calidad
1 cda. de aceite de oliva
2 dientes de ajo picados finos
1 chalota picada fina
2 ramitas de tomillo
150 g de farro italiano perlado ('espelta perlada')
475 ml de caldo de carne
50 g de remolacha cruda en rodajas finas
2 cdas. de chucrut escurrido
2 cdas. de crème fraîche
sal y pimienta negra

Precaliente el horno a 150 °C.

Mezcle el clavo con la pimienta de Jamaica, la nuez moscada, la sal y la pimienta en un bol. Añada la carne y úntela con el condimento.

Caliente una cazuela refractaria o una olla de cocción lenta a fuego vivo y añada el aceite. Selle la carne por todos los lados 2 o 3 minutos, hasta que se caramelice. Si utiliza una cazuela refractaria, vierta 475 ml del vino, tápela e introdúzcala en el horno.

Si usa una olla de cocción lenta, retire la carne. Vierta 475 ml del vino y desglase el jugo de cocción raspando el fondo de la olla con una cuchara de madera o con una pala de pescado. Devuelva la carne a la olla y cuézala 2 o 3 horas como mínimo, o hasta que se deshaga.

Caliente una cazuela mediana a fuego medio. Añada el aceite, el ajo, la chalota y el tomillo. Sofríalos 1 minuto e incorpore el farro. Sofríalo 2 minutos y vierta el caldo y el resto del vino. Llévelo a ebullición, tápelo y cuézalo a fuego lento 40 minutos, o hasta que el farro esté tierno.

Mientras, ponga un cazo pequeño a fuego medio, y añada la remolacha y el agua justa para cubrirla. Cuézala 10 minutos, o hasta que esté tierna. Escúrrala y resérvela.

Cuando el farro esté tierno, repártalo entre 2 boles. Añada la carne, la remolacha, el chucrut y la *crème fraîche*. Salpimiéntelo y sírvalo.

Trigo, kamut y espelta con pecho de ternera y salsa chimichurri

PARA 2 PERSONAS
PREPARACIÓN 10 MIN
COCCIÓN 5-6 HORAS, MÁS 30 MIN PARA REPOSAR

- 2 CDAS. DE ACEITE DE OLIVA
- 200 G DE CEBOLLA ROJA EN RODAJAS
- 2 DIENTES DE AJO MAJADOS
- 500 G DE PECHO DE TERNERA
- 800 ML DE CALDO DE CARNE
- 2 CDAS. DE VINAGRE BALSÁMICO
- 1 CDA. DE AZÚCAR MORENO
- 150 G DE UNA MEZCLA DE COPOS DE TRIGO, KAMUT Y ESPELTA
- 4 CDAS. DE SALSA CHIMICHURRI
- 40 G DE BERROS PICADOS GRUESOS

Precaliente el horno a 140 °C o ajuste una olla de cocción lenta a la potencia máxima.

Ponga el aceite, la cebolla y el ajo en una sartén a fuego medio. Sofríalos de 5 a 10 minutos, o hasta que estén traslúcidos, y páselos a una cazuela refractaria (si utiliza el horno) o a la olla de cocción lenta.

Devuelva la sartén al fuego, suba la temperatura al máximo y selle la carne por ambos lados. Añádala a la cazuela refractaria o a la olla de cocción lenta. Mezcle 75 ml del caldo con el vinagre balsámico y el azúcar, y viértalo sobre la carne. Tape y cueza la carne 5 o 6 horas, o hasta que esté muy tierna.

Deje reposar la carne 30 minutos dentro del horno apagado o en la olla de cocción lenta (también apagada).

Cuando la carne esté lista, caliente un cazo mediano a fuego medio, y añada el trigo, el kamut y la espelta junto con el resto del caldo. Cuézalos 7 u 8 minutos, o hasta que hayan absorbido todo el líquido, e incorpore la mitad de los berros.

Reparta los cereales entre 2 boles. Separe la carne en hebras y apílela encima. Para terminar, vierta un poco de salsa chimichurri con una cuchara y esparza el resto de los berros.

Cereales con verduras

Mijo con col kale, setas y pecorino

Para 2 personas
Preparación 10 min
Cocción 18-27 min

6 CDAS. DE MANTEQUILLA
250 G DE SETAS SILVESTRES O CHAMPIÑONES PICADOS GRUESOS EN TROZOS UNIFORMES
1 CHALOTA PICADA FINA
1 DIENTE DE AJO PICADO FINO
200 G DE MIJO
60 ML DE VINO BLANCO
660 ML DE CALDO DE VERDURAS
50 G DE HOJAS DE COL KALE PICADAS
2 CDAS. DE VIRUTAS DE PECORINO
1 CHORRITO DE ACEITE DE TRUFA
SAL Y PIMIENTA NEGRA

Caliente una cazuela de fondo grueso a fuego medio y añada 4 cucharadas de la mantequilla. Cuando empiece a espumar, eche las setas. Procure moverlas lo menos posible para que tomen color. Salpimiéntelas, y sofríalas 3 o 4 minutos. Retírelas de la cazuela y resérvelas.

Añada el resto de la mantequilla a la cazuela y eche la chalota y el ajo. Sofríalos un par de minutos e incorpore el mijo. Sofríalo 2 o 3 minutos y vierta el vino. Cuando se haya absorbido el vino, eche el caldo y cuézalo de unos 10 a 15 minutos, removiendo de vez en cuando. Sazone con sal y pimienta al gusto.

Una vez reducido casi todo el caldo, añada la col y la mitad de las setas, y cuézalo 2 o 3 minutos más.

Cuando el mijo esté cocido, repártalo entre 2 boles. Añada el resto de las setas y las virutas de pecorino, y rocíelo con el aceite de trufa. Salpimiente y sírvalo.

Centeno y espelta, con ajo y berenjena asados y feta

Para 2 personas
Preparación 5 min
Cocción 50 min

6 CDAS. DE ACEITE DE OLIVA
1 BERENJENA EN DADOS DE 1 CM
4 DIENTES DE AJO
½ CEBOLLA PICADA FINA
150 G DE UNA MEZCLA DE COPOS DE CENTENO Y ESPELTA
60 ML DE VINO BLANCO
600 ML DE CALDO DE POLLO
2 CDAS. DE ZUMO DE LIMÓN
LA RALLADURA DE ½ LIMÓN
3 CDAS. DE MANTEQUILLA
3 CDAS. DE FETA DESMENUZADO
SAL Y PIMIENTA NEGRA
PEREJIL PICADO, PARA ESPARCIR

Precaliente el horno a 180 °C. Forre una bandeja de horno con papel vegetal.

Ponga 3 cucharadas del aceite en un bol, añada la berenjena y los ajos, y remueva para que se impregnen. Disponga la berenjena y los ajos en la bandeja preparada y áselos unos 40 minutos, o hasta que se doren. Apague el horno y deje la berenjena dentro, pero retire los ajos y extraiga la pulpa.

Caliente un cazo mediano a fuego medio y añada el resto del aceite y la cebolla. Sofríala 2 o 3 minutos, o hasta que esté traslúcida. Añada el centeno y la espelta, prosiga con la cocción durante 1 minuto y añada el vino. Cuando se haya absorbido el vino, agregue el caldo y el ajo asado, y salpimiente. Cuézalo 7 u 8 minutos. Cuando apenas quede líquido, añada el zumo de limón y tres cuartas partes de la ralladura. Retírelo del fuego e incorpore la mantequilla.

Reparta el centeno y la espelta entre 2 boles. Agregue la berenjena asada y el feta desmenuzado. Esparza el resto de la ralladura de limón y un poco de perejil por encima, y sírvalo.

Farro con tomates asados, espárragos y avellanas

PARA 2 PERSONAS
PREPARACIÓN 5 MIN
COCCIÓN 40 MIN

3 CDAS. DE ACEITE DE OLIVA
100 G DE TOMATES CHERRY
1 CDTA. DE ORÉGANO
150 G DE FARRO ITALIANO PERLADO (ESPELTA PERLADA)
4 CDAS. DE CEBOLLA EN RODAJAS
1 CHORRITO DE VINO BLANCO SECO
600 ML DE CALDO DE VERDURAS
50 G DE ESPÁRRAGOS
4 CDAS. DE PARMESANO RALLADO
2 CDTAS. DE AVELLANAS PICADAS
SAL Y PIMIENTA NEGRA

Precaliente el horno a 180 °C.

Ponga los tomates en un bol con 1 cucharada del aceite y salpimiéntelos. Remuévalos para que se impregnen. Páselos a una fuente refractaria pequeña y áselos en el horno 30 minutos. Pasados 25 minutos, condiméntelos con el orégano y deles la vuelta. Retírelos del horno y resérvelos.

Mientras, caliente un cazo mediano a fuego medio y añada el resto del aceite y la cebolla. Deje sudar la cebolla un par de minutos y añada el farro y el vino. Vierta caldo suficiente para cubrir el farro. Cuézalo durante 40 minutos, removiendo de vez en cuando, o hasta que se absorba el líquido y esté tierno. Si no estuviese tierno, prosiga con la cocción y añada un poco más de caldo de ser necesario.

Corte los tallos de los espárragos en rodajas y deje las yemas enteras. Cuando el farro haya absorbido casi todo el caldo, añada los tallos de espárrago. Déjelo al fuego 5 minutos e incorpore el parmesano.

Reparta el farro entre 2 boles. Añada los tomates asados, las yemas de espárrago y las avellanas picadas. Salpimiente y sírvalo.

Kamut con trufa, pepino encurtido y salsa de rábano

Para 2 personas
Preparación 15 min, más
1 hora para la salazón
y 2 horas para el encurtido
Cocción 10 min

Para el porridge

1 CDA. DE ACEITE DE OLIVA
1 CDTA. DE MANTEQUILLA
½ O 1 CEBOLLA PEQUEÑA EN RODAJAS
1 PUERRO (SOLO LA PARTE BLANCA) EN RODAJAS FINAS
150 G DE COPOS DE KAMUT
1 CHORRITO DE VINO BLANCO SECO
600 ML DE CALDO DE POLLO
2 CDTAS. DE TRUFA NEGRA RALLADA O 1 TRUFA NEGRA PEQUEÑA RALLADA, O UNAS GOTAS DE ACEITE DE TRUFA BLANCA
SAL Y PIMIENTA NEGRA

Para el pepino encurtido

1 TROZO DE 10 CM DE PEPINO PELADO Y EN RODAJAS FINAS
2 CDTAS. DE FLOR DE SAL MARINA
120 ML DE VINAGRE DE SIDRA
2 CDAS. DE AZÚCAR
½ CDTA. DE SEMILLAS DE CILANTRO
½ CDTA. DE SEMILLAS DE MOSTAZA AMARILLA
½ CDTA. DE PIMIENTA NEGRA EN GRANO

Para la ensalada de rábano

1 CDTA. DE CILANTRO PICADO FINO
2 RÁBANOS LIMPIOS Y PICADOS FINOS
1 CEBOLLETA (SOLO LA PARTE BLANCA) EN RODAJAS FINAS
¼ DE GUINDILLA SUAVE DESPEPITADA Y PICADA FINA
1 CDTA. DE ZUMO DE LIMÓN RECIÉN EXPRIMIDO

Para preparar el pepino encurtido, mézclelo con la sal marina en un bol, cúbralo con film transparente y resérvelo 1 hora. Enjuáguelo bajo un chorro de agua fría, estrújelo para eliminar el exceso de agua y póngalo en un bol refractario.

Vierta el vinagre, el azúcar, las semillas de cilantro y de mostaza y la pimienta en grano en un cazo pequeño. Cuézalo a fuego medio 2 o 3 minutos, o hasta que se disuelva el azúcar. Llévelo a ebullición y vuélquelo sobre las rodajas de pepino. Déjelo enfriar y refrigérelo 2 horas como mínimo.

En un bol pequeño, remueva los ingredientes de la ensalada de rábano, cúbralo y resérvelo.

Para preparar el *porridge*, caliente un cazo mediano a fuego medio y añada 1 cucharada del aceite, 1 cucharadita de la mantequilla, la cebolla y el puerro. Déjelos sudar un par de minutos. Añada el kamut y el vino. Vierta el caldo y cuézalo de 6 a 8 minutos, o hasta que se haya absorbido el líquido y el kamut esté tierno. Salpimiente y retírelo del fuego.

Reparta el kamut entre 2 boles. Escurra el pepino encurtido y dispóngalo sobre el kamut. Añada la ensalada de rábano, esparza la trufa rallada por encima, o rocíelo con el aceite de trufa, y sírvalo.

Espelta con colinabo y roquefort

Para 2 personas
Preparación 10 min
Cocción 20 min

720 ml de caldo de verduras
1 colinabo de 300 g pelado y en dados de 1 cm
2 cdas. de aceite de oliva
1 cebolla en dados pequeños
4 cdas. de vino blanco seco
150 g de copos de espelta
1 cdta. de perejil picado fino
4 nueces encurtidas picadas, o coliflor o cebollitas encurtidas
2 cdas. de roquefort desmenuzado
sal y pimienta negra

Ponga una cazuela mediana a fuego vivo, vierta el caldo y llévelo a ebullición. Añada el colinabo y cuézalo unos 5 minutos, o hasta que esté tierno. Retírelo con una espumadera y resérvelo. Mantenga el caldo caliente.

Caliente otra cazuela mediana a fuego medio y añada el aceite y la cebolla. Deje sudar la cebolla un par de minutos. Agregue el vino, deje que hierva 1 minuto y añada la espelta. Vierta el caldo y cuézalo 7 u 8 minutos, removiendo de vez en cuando, o hasta que se absorba. Salpimiente e incorpore el colinabo y el perejil.

Reparta la espelta entre 2 boles. Añada las nueces, la coliflor, o las cebollitas encurtidas, y el roquefort, y sírvala.

Farro con remolacha, feta, huevo escalfado y alcaparras

Para 2 personas
Preparación 10 min
Cocción 30-35 min

- 300 g de remolachas cocidas sin encurtir
- 2 cdas. de aceite vegetal
- 150 g de farro italiano perlado (espelta perlada)
- 1 chorrito de vino de Madeira
- 300 ml de caldo de verduras caliente
- 2 huevos
- 2 cdas. de vinagre de vino blanco
- 50 g de feta en dados
- 1 cda. de alcaparras
- Sal y pimienta negra

Ponga 250 g de la remolacha en un robot de cocina y tritúrela hasta obtener un puré. Corte la remolacha restante en dados medianos.

Caliente un cazo mediano a fuego medio y añada el aceite y el farro. Sofríalo 2 minutos. Añada el vino y el caldo. Cuézalo 20 minutos, removiendo de vez en cuando, hasta que prácticamente no quede líquido. Añada el puré de remolacha y prosiga con la cocción de 5 a 10 minutos, o hasta que se haya absorbido casi del todo.

Cuando el farro esté casi listo, lleve agua a ebullición suave a fuego medio en una cazuela, eche el vinagre y remueva en la dirección de las manecillas del reloj, con una cuchara, para crear un remolino. Casque los huevos y déjelos caer de uno en uno en el centro del remolino, procurando que no se toquen. Los huevos tardarán 2 o 3 minutos en cocerse. Cuanto más frescos estén, más probabilidades habrá de que queden como un huevo escalfado perfecto. Con una espumadera, empuje con suavidad una clara para ver si ha cuajado; de ser así, retire enseguida los huevos del agua y resérvelos en un plato forrado con papel de cocina.

Reparta el farro entre 2 boles. Añada los huevos escalfados, y el feta y la remolacha en dados, y esparza las alcaparras por encima. Salpimiente y sírvalo.

Farro con coliflor, rebozuelos y mascarpone

Para 2 personas
Preparación 5 min
Cocción 35 min

150 ML DE NATA ESPESA
150 ML DE LECHE ENTERA
150 G DE RAMITOS DE COLIFLOR
4 CDAS. DE MANTEQUILLA
2 CDAS. DE CHALOTAS PICADAS FINAS
150 G DE FARRO ITALIANO PERLADO (ESPELTA PERLADA)
475 ML DE CALDO DE VERDURAS
1 CDTA. DE TOMILLO PICADO FINO
150 G DE REBOZUELOS O DE OTRA VARIEDAD DE SETAS SILVESTRES
2 CDAS. DE MASCARPONE
2 CDTAS. DE CEBOLLINO PICADO FINO
SAL Y PIMIENTA NEGRA

Ponga un cazo mediano a fuego medio, vierta la nata y la leche, y llévelas a ebullición. Eche la coliflor y una pizca generosa de sal. Cuézala a fuego suave 5 minutos, o hasta que esté tierna. Cuélela, pásela a un robot de cocina y tritúrela hasta obtener un puré.

Caliente 2 cucharaditas de la mantequilla en un cazo mediano a fuego medio y sofría la chalota 2 o 3 minutos, o hasta que se ablande. Eche el farro y remueva para que se impregne de la mantequilla y la chalota. Añada el caldo y el tomillo, y cuézalo 20 minutos, removiendo de vez en cuando, hasta que prácticamente no quede líquido.

Incorpore el puré de coliflor y prosiga con la cocción hasta que el farro esté tierno. Puede que tenga que añadir un poco más de caldo hasta que el farro adquiera la consistencia deseada. Retírelo del fuego y salpimiente.

Mientras, caliente una sartén a fuego medio-fuerte. Añada el resto de la mantequilla y sofría las setas de 5 a 8 minutos, o hasta que tomen color. Salpimiéntelas.

Reparta el farro entre 2 boles. Agregue las setas y el mascarpone, esparza el cebollino por encima y sírvalo.

Trigo sarraceno con calabaza asada, vino de Madeira y zanahoria

Para 2 personas
Preparación 10 min
Cocción 30 min

120 G DE CALABAZA EN BASTONCITOS CORTOS
1 CDA. DE ACEITE DE OLIVA
2 CDAS. DE MANTEQUILLA
1 CEBOLLA PEQUEÑA PICADA FINA
175 G DE TRIGO SARRACENO
150 ML DE VINO DE MADEIRA
550 ML DE CALDO DE VERDURAS
4 CDAS. DE PECORINO RALLADO FINO
4 CDAS. DE PARMESANO RALLADO FINO
2 ZANAHORIAS PEQUEÑAS
ACEITE DE OLIVA VIRGEN EXTRA, PARA ROCIAR
1 CDTA. DE TOMILLO PICADO FINO
SAL Y PIMIENTA NEGRA

Precaliente el horno a 180 °C. Forre una bandeja de horno con papel vegetal.

Ponga la calabaza en la bandeja preparada. Rocíela con el aceite y salpimiéntela. Ásela en el horno 25 minutos.

Mientras, en un cazo mediano, derrita la mantequilla a fuego medio. Sofría la cebolla 2 o 3 minutos, o hasta que se ablande, e incorpore el trigo sarraceno. Añada el vino y espere unos 3 minutos, hasta que se absorba. Vierta el caldo y cueza el trigo durante 20 minutos, o hasta que no quede nada de líquido.

Incorpore el pecorino y el parmesano, salpimiente y retire del fuego.

Reparta el trigo sarraceno entre 2 boles. Con un pelador de vegetales, corte la zanahoria en láminas finas y largas. Disponga la calabaza asada sobre el trigo, rocíela con un chorrito de aceite de oliva virgen, esparza el tomillo por encima y sírvalo.

Trigo, cebada y centeno con col lombarda braseada, judiones y gruyer

Para 2 personas
Preparación 10 min
Cocción 1 hora

Para el porridge

1 cda. de aceite de oliva
½ cebolla picada fina
1 diente de ajo picado fino
1 cdta. de pimentón dulce
1 cdta. de orégano seco
1 guindilla roja pequeña en daditos
150 g de una mezcla de copos de trigo, cebada y centeno
720 ml de caldo de verduras
50 g de judiones
4 cdas. de zumo de limón
6 cdas. de gruyer rallado
2 cdtas. de perejil picado fino
sal y pimienta

Para la col lombarda braseada

2 cdtas. de mantequilla
100 g de col lombarda rallada fina o picada
4 cdtas. de vinagre de vino tinto
6 cdas. de vino tinto
2 cdtas. de azúcar extrafino

Para preparar la col lombarda braseada, ponga un cazo mediano a fuego medio y añada la mantequilla. Cuando espume, eche la col lombarda y el resto de los ingredientes. Baje el fuego al mínimo y cuézala 1 hora.

Para preparar el *porridge*, ponga una cazuela de fondo grueso a fuego medio, y añada el aceite, la cebolla, el ajo, el pimentón, el orégano y la guindilla. Pasados 2 o 3 minutos, eche los cereales, y sofríalos 3 o 4 minutos sin dejar de remover para que no se pegue. Vierta el caldo, agregue los judiones y salpimiente. Cuézalo 7 u 8 minutos, o hasta que se haya absorbido todo el líquido y los cereales estén tiernos. Incorpore el zumo de limón y 4 cucharadas del gruyer. Retírelo del fuego.

Reparta el *porridge* entre 2 boles. Añada la col lombarda braseada, esparza el perejil y el resto del gruyer por encima, y sírvalo.

Centeno y cebada con pimiento rojo, rúcula y guindilla

Para 2 personas
Preparación 5 min
Cocción 12-13 min

4 cdas. de aceite de oliva
1 cdta. de orégano seco
1 guindilla roja pequeña cortada en dados
½ cebolla picada fina
1 diente de ajo picado fino
150 g de una mezcla de copos de centeno y cebada
600 ml de caldo de verduras
1 cdta. de ralladura fina de limón
2 pimientos rojos en conserva en tiras largas
1 puñadito de rúcula
2 cuñas de limón
Sal y pimienta negra

Ponga una cazuela de fondo grueso a fuego medio, y añada 1 cucharada del aceite, el orégano, la guindilla, la cebolla y el ajo. Déjelos sudar 2 o 3 minutos. Eche el centeno y la cebada, y sofríalos 3 o 4 minutos sin dejar de remover para que no se peguen.

Vierta el caldo, añada la ralladura de limón y sálelo. Baje el fuego y cuézalo 7 u 8 minutos, o hasta que se haya absorbido todo el líquido y los cereales estén tiernos.

Reparta el centeno y la cebada entre 2 boles. Añada las tiras de pimiento, la rúcula y las cuñas de limón, y sírvalo.

Cereales para golosos

Cuatro cereales con ciruelas y cobertura crujiente de avellanas

Para 2 personas
Preparación 15 min
Cocción 20 min

- 4 ciruelas cortadas por la mitad y sin hueso
- El zumo de 1 naranja
- ½ cdta. de stevia o 2 cdas. de azúcar moreno
- ½ cdta. de canela molida
- ¼ de cdta. de cardamomo, nuez moscada y pimienta negra molidos
- 80 g de avellanas
- 2 cdas. de harina de alforfón
- 2 cdas. de virutas de cacao puro
- ½ cdta. de stevia o 2 cdtas. de azúcar extrafino
- 4 cdtas. de aceite de coco
- 25 g de copos de cebada
- 25 g de copos de trigo
- 25 g de copos de centeno
- 25 g de copos de espelta
- 350 ml de leche de coco
- 2 cdtas. de semillas de lino
- 1 cda. de nata líquida (opcional)

Precaliente el horno a 200 ºC. Forre 2 bandejas de horno pequeñas con papel vegetal.

Disponga las ciruelas, con la parte cortada hacia arriba, en una de las bandejas. Bata el zumo de naranja con la stevia o el azúcar moreno, la canela, el cardamomo, la nuez moscada y la pimienta en un bol, y viértalo por encima de las ciruelas.

Para preparar la cobertura crujiente, ponga las avellanas en un robot de cocina y píquelas en un par de intervalos cortos antes de añadir la harina de alforfón, las virutas de cacao, la stevia o el azúcar, y el aceite de coco. Accione de nuevo el robot hasta obtener una textura parecida a la del pan rallado. Páselo a la otra bandeja.

Ponga las dos bandejas en el horno y ase las ciruelas y la cobertura 20 minutos. Cuando estén en su punto, las ciruelas burbujearán y la cobertura estará dorada.

Ponga la cebada, el trigo, el centeno y la espelta en un cazo mediano, vierta la leche de coco y 350 ml de agua, y caliéntelo a fuego vivo. Llévelo a ebullición. Cuando el líquido se empiece a reducir, remuévalo rápido para que el *porridge* no se pegue. Baje el fuego a temperatura medio-alta y cuézalo 7 u 8 minutos, o hasta que adquiera la consistencia deseada. Retírelo del fuego.

Reparta el *porridge* entre 2 boles. Añada las ciruelas asadas, la cobertura crujiente de avellanas y las semillas de lino. Si lo desea, rocíelo con un poco de nata líquida y sírvalo.

Avena con mantecada de quinoa, manzana asada y nata a la vainilla

Para 2 personas
Preparación 15 min
Cocción 40 min

100 g de copos de avena
350 ml de leche de almendras
¼ de cdta. de canela molida

Para la mantecada de quinoa
1 cda. de quinoa
3 cdas. de harina
2 cdas. de azúcar moreno
½ cdta. de sal
1½ cdas. de mantequilla fría y en dados

Para la manzana asada
½ cdta. de azúcar (opcional)
1 manzana Gala o de otra variedad dulce
¼ de cdta. de zumo de limón

Para la nata a la vainilla
2 cdas. de nata para montar
½ cdta. de azúcar glas
¼ de cdta. de pasta de vainilla

Para preparar la mantecada de quinoa, caliente una sartén antiadherente pequeña a fuego medio-bajo. Tueste la quinoa, removiéndola a menudo, 5 minutos, o hasta que explote. Pásela a un plato y déjela enfriar.

Precaliente el horno a 180 °C. Engrase y forre con papel vegetal una bandeja de horno y una fuente refractaria.

Ponga la quinoa fría en un robot de cocina y tritúrela durante 1 minuto. Añada la harina, el azúcar y la sal, y accione el robot para mezclar los ingredientes. Eche la mantequilla y vuelva a ponerlo en funcionamiento hasta obtener una masa.

Presione la mantecada de quinoa en la fuente preparada hasta conseguir una lámina uniforme de 1 cm de grosor. No se preocupe si no hay masa suficiente para llenar la fuente, lo importante es que pueda formar un cuadrado o un rectángulo. Si lo desea, esparza el azúcar por encima.

Para preparar la manzana asada, corte la manzana por la mitad, frote las partes cortadas con zumo de limón para que no se oxide y póngala en la bandeja preparada con la parte cortada hacia arriba. Introduzca la bandeja con la manzana y la fuente con la masa en el horno.

Cueza la mantecada de 25 a 30 minutos, o hasta que se empiece a dorar. Retírela del horno y márquela a lo largo en 2 porciones iguales; pártala. La manzana asada debería estar lista en 30 minutos, o cuando esté tierna al pincharla con un tenedor. Retírela del horno.

Mientras, para preparar la nata a la vainilla, monte la nata con el azúcar glas y la pasta de vainilla. Resérvela.

Ponga la avena en un cazo mediano, vierta la leche de almendras y 350 ml de agua, y caliéntelo a fuego vivo. Llévelo a ebullición. Cuando el líquido se empiece a reducir, remuévalo rápido para que el *porridge* no se pegue. Cuézalo a fuego medio-fuerte 5 minutos, o hasta que adquiera la consistencia deseada. Retírelo del fuego.

Reparta la avena entre 2 boles. Añada la mantecada, la manzana asada y la nata a la vainilla. Espolvoréela con la canela y sírvala.

Mijo y centeno con plátano, Kinder Schocko-Bons y arándanos rojos deshidratados

PARA 2 PERSONAS
PREPARACIÓN 2 MIN
COCCIÓN 26-28 MIN

65 G DE MIJO
350 ML DE LECHE DE COCO
1 PLÁTANO
10-20 KINDER SCHOCKO-BONS, 4 KINDER CHOCOLATE MAXI O TRUFAS DE CHOCOLATE CON LECHE LINDOR DE LINDT
50 G DE COPOS DE CENTENO
½ CDTA. DE CANELA MOLIDA
¼ DE CDTA. DE CLAVO MOLIDO
½ CDTA. DE ARÁNDANOS ROJOS DESHIDRATADOS EN POLVO
2 CDAS. DE JARABE DE ARCE

Ponga el mijo en un cazo mediano, vierta la leche de coco y 350 ml de agua, y caliéntelo a fuego vivo. Llévelo a ebullición, baje el fuego a medio-bajo, tápelo y cuézalo de 18 a 20 minutos, removiendo mientras absorbe el líquido.

Mientras, realice un corte al bies en un extremo del plátano para obtener rodajas ligeramente más grandes. Parta las chocolatinas en trozos pequeños. Resérvelos.

Incorpore el centeno al *porridge* y suba el fuego a temperatura media. Si el mijo absorbiese mucho líquido, añada otros 60 ml de agua. Cueza el *porridge*, removiendo, durante 7 u 8 minutos, o hasta que adquiera la consistencia deseada. Retírelo del fuego e incorpore la canela y el clavo.

Reparta el mijo y el centeno entre 2 boles. Añada el plátano y las chocolatinas. Espolvoréelo con los arándanos rojos en polvo, rocíelo con el jarabe de arce y sírvalo.

Para preparar los cacahuetes garrapiñados, forre un plato pequeño con papel vegetal. Ponga la mantequilla y el azúcar en un cazo pequeño, y caliéntelo a fuego medio. Deje que burbujee hasta que tome un color marrón dorado, pero sin dejar que se queme. Eche los cacahuetes y remueva bien para que se caramelicen. Páselos al plato preparado, déjelos enfriar del todo y tritúrelos en el robot de cocina hasta obtener la textura del pan rallado.

Ponga las frambuesas y el azúcar glas en un robot de cocina y tritúrelas hasta que se licúe la fruta. Pase el puré por un colador de malla fina para separar las semillas y reserve el jugo.

Ponga la cebada y la espelta en un cazo mediano, vierta la leche de coco y 350 ml de agua, y llévelo a ebullición. Cuando el líquido se empiece a reducir, remuévalo rápido para que el *porridge* no se pegue. Baje el fuego a temperatura medio-alta y cuézalo 7 u 8 minutos, o hasta que adquiera la consistencia deseada. Retírelo del fuego.

Reparta el *porridge* entre 2 boles. Añada la crema de cacao, esparza los cacahuetes garrapiñados triturados por encima y vierta unas cucharadas de la salsa de frambuesa.

Cebada y espelta con Nutella, cacahuetes garrapiñados y salsa de frambuesa

Para 2 personas
Preparación 5 min
Cocción 25 min

2 CDTAS. DE MANTEQUILLA
4 CDTAS. DE AZÚCAR EXTRAFINO
3 CDAS. DE CACAHUETES TOSTADOS LIGERAMENTE SALADOS
60 G DE FRAMBUESAS
1 CDTA. DE AZÚCAR GLAS
50 G DE COPOS DE CEBADA
50 G DE COPOS DE ESPELTA
350 ML DE LECHE DE COCO
2 CDAS. DE CREMA DE CACAO PARA UNTAR, COMO NUTELLA

Quinoa y avena con chocolate, frambuesas y mousse de lima

Para 2 personas
Preparación 10 min
Cocción 22 min

½ CDTA. DE RALLADURA DE LIMA, Y UN POCO MÁS PARA ESPARCIR
2 CDAS. DE ZUMO DE LIMA RECIÉN EXPRIMIDO
1½ CDAS. DE AZÚCAR EXTRAFINO
1 PIZCA DE SAL
1 HUEVO
1½ CDAS. DE MANTEQUILLA EN DADOS
2½ CDAS. DE NATA MONTADA FRÍA
50 G DE CHOCOLATE NEGRO (CON UN 70% DE CACAO COMO MÍNIMO)
60 G DE QUINOA
350 ML DE LECHE DE ALMENDRAS
50 G DE COPOS DE AVENA
60 G DE FRAMBUESAS

Mezcle la ralladura y el zumo de lima con el azúcar, la sal y el huevo en un cazo pequeño de fondo grueso para obtener una base cremosa para la mousse. Añada la mantequilla y caliéntela a fuego medio-bajo. Cueza la crema mientras la bate con unas varillas unos 5 minutos, o hasta que esté lo bastante espesa como para que quede adherida al dorso de una cuchara.

Cuélela sobre un bol. Introduzca este bol dentro de otro algo más grande lleno de cubitos de hielo. Deje reposar la crema 5 minutos, removiéndola de vez en cuando.

En un bol pequeño, bata la nata con unas varillas, hasta que adquiera consistencia, e incorpórela con cuidado a la crema. Resérvela.

Ralle fino el chocolate.

Ponga la quinoa en un cazo mediano, vierta la leche de almendras y 350 ml de agua, y caliéntela a fuego lento. Llévela a ebullición, tápela y cuézala 15 minutos. Incorpore la avena y el chocolate, y suba el fuego a temperatura media. Si la quinoa absorbiese mucho líquido, añada otros 60 ml de agua. Cueza el *porridge*, removiendo, 5 minutos, o hasta que adquiera la consistencia deseada. Retírelo del fuego.

Reparta la quinoa y la avena con chocolate entre 2 boles. Eche las frambuesas y la cantidad de mousse de lima que desee. Esparza un poco de ralladura de lima por encima y sírvalo.

Mijo, quinoa y avena con fresas, melocotón y menta

Para 2 personas
Preparación 5 min
Cocción 23 min

60 G DE MIJO
40 G DE QUINOA
250 ML DE LECHE DE ALMENDRAS
35 G DE COPOS DE AVENA
8 HOJAS DE MENTA, LA MITAD PICADAS Y LA OTRA MITAD EN JULIANA
1 MELOCOTÓN MADURO SIN HUESO Y EN TROZOS DE 1 CM
100 G DE FRESAS SIN PEDÚNCULO EN RODAJAS FINAS
4 CDAS. DE ALMENDRA LAMINADA
2 CDAS. DE MIEL
2 CDAS. DE NATA PARA MONTAR

Ponga el mijo y la quinoa en un cazo mediano, vierta la leche de almendras y 250 ml de agua, y caliéntelo a fuego medio. Llévelo a ebullición a fuego suave, tápelo y cuézalo 15 minutos.

Añada la avena y cueza el *porridge* 7 u 8 minutos, o hasta que adquiera la consistencia deseada. Si los cereales absorbiesen mucho líquido, añada otros 120 ml de agua. Retírelo del fuego e incorpore la menta picada.

Reparta el *porridge* entre 2 boles. Añada el melocotón y las fresas. Esparza la menta en juliana y la almendra laminada por encima, y rocíelo con la miel. Monte la nata, añádala a los boles y sírvalos.

Porridge al horno

PARA 2 PERSONAS
PREPARACIÓN 3 MIN
COCCIÓN 35 MIN

80 G DE COPOS DE AVENA
½ CDTA. DE PASTA DE VAINILLA
2 CDTAS. DE CANELA MOLIDA, Y UN POCO MÁS PARA ESPOLVOREAR
2 CDAS. DE SULTANAS
1 MANZANA, LA MITAD PICADA Y LA OTRA MITAD EN LÁMINAS
2 CDTAS. DE PIEL DE FRUTA CONFITADA VARIADA
1 CDTA. DE RALLADURA DE NARANJA
250 ML DE LECHE ENTERA (SI LO PREFIERE, UTILICE LECHE DE ALMENDRAS O DE COCO)
120 ML DE NATA ESPESA (SI LO PREFIERE, UTILICE LECHE DE ALMENDRAS O DE COCO)
2 CDAS. DE MERMELADA DE ALBARICOQUE
2 CDAS. DE WHISKY (OPCIONAL)

Precaliente el horno a 180 °C.

En un bol, mezcle la avena con la vainilla, la canela, las pasas, la manzana picada, la piel de fruta confitada y la ralladura de naranja. Incorpore la leche y la nata, y repártalo entre 2 boles refractarios. Espolvoréelo con un poco de canela.

Cueza el *porridge* en el horno de 30 a 35 minutos, o hasta que absorba todo el líquido. Retírelo del horno.

Pinte la superficie del *porridge* con la mermelada de albaricoque y añada las láminas de manzana. Si lo desea, rocíelo con el whisky y sírvalo.

Avena y espelta con chocolatinas, arándanos negros y frambuesas

Para 2 personas
Preparación 2 min
Cocción 7–8 min

50 g de copos de avena
50 g de copos de espelta
350 ml de leche de coco
50 g de chocolatinas rellenas de caramelo, picadas
25 g de arándanos negros
30 g de frambuesas
2 cdtas. de semillas de lino

Ponga la avena y la espelta en un cazo mediano, vierta la leche de coco y 350 ml de agua, y caliéntelo a fuego vivo. Llévelo a ebullición. Cuando el líquido se empiece a reducir, remuévalo rápido para que el *porridge* no se pegue. Baje el fuego a temperatura medio-alta y cueza el *porridge* unos 7 u 8 minutos, o hasta que adquiera la consistencia deseada. Retírelo del fuego.

Reparta la avena y la espelta entre 2 boles. Añada las chocolatinas, los arándanos y las frambuesas, esparza las semillas de lino por encima y sírvalo.

Kamut, trigo y cebada con mermelada de naranja amarga y crema de whisky

Para 2 personas
Preparación 10 min
Cocción 7-8 min

120 ML DE NATA ESPESA
2 CDTAS. DE WHISKY
½ CDTA. DE AZÚCAR GLAS
35 G DE COPOS DE KAMUT
35 G DE COPOS DE TRIGO
35 G DE COPOS DE CEBADA
350 ML DE LECHE DE COCO
4 CDAS. DE MERMELADA DE NARANJAS AMARGAS DE BUENA CALIDAD
1 NARANJA PELADA Y EN RODAJAS FINAS

Ponga la nata, el whisky y el azúcar en un bol, y bátala hasta que empiece a ganar cuerpo.

Ponga el kamut, el trigo y la cebada en un cazo mediano, vierta la leche de coco y 350 ml de agua, y caliéntelo a fuego vivo. Llévelo a ebullición. Cuando el líquido se empiece a reducir, remuévalo rápido para que el *porridge* no se pegue. Baje el fuego a temperatura medio-alta y cuézalo 7 u 8 minutos, o hasta que adquiera la consistencia deseada, e incorpore la mermelada. Retírelo del fuego.

Reparta el *porridge* entre 2 boles. Añada las rodajas de naranja y la crema de whisky que desee, y sírvalo.

Avena y trigo con mandarina, mango, arándanos negros y salsa de frambuesa

Para 2 personas
Preparación 5 min
Cocción 8 min

60 G DE FRAMBUESAS
½ CDTA. DE AZÚCAR GLAS,
  Y UN POCO MÁS PARA ESPOLVOREAR
2 CDAS. DE NATA PARA MONTAR
¼ DE CDTA. DE PASTA DE VAINILLA
50 G DE COPOS DE AVENA
50 G DE COPOS DE TRIGO
350 ML DE LECHE DE COCO
5-6 GAJOS DE MANDARINA PELADOS
½ MANGO EN LÁMINAS FINAS
2 CDAS. DE ARÁNDANOS NEGROS
1 CDA. DE PISTACHOS

Ponga las frambuesas con el azúcar glas en un robot de cocina pequeño y tritúrelas hasta obtener una salsa homogénea. Resérvela.

Ponga la nata en un bol y móntela con unas varillas eléctricas o manuales. Agregue la pasta de vainilla e incorpórela con las varillas. Resérvela.

Ponga la avena y el trigo en un cazo mediano, vierta la leche de coco y 350 ml de agua, y caliéntelo a fuego vivo. Llévelo a ebullición. Cuando el líquido se empiece a reducir, remuévalo rápido para que el *porridge* no se pegue. Baje el fuego a temperatura medio-alta y cuézalo de 8 a 10 minutos, o hasta que adquiera la consistencia deseada. Retírelo del fuego.

Reparta la avena y el trigo entre 2 boles. Añada los gajos de mandarina, el mango, los arándanos, los pistachos y la nata aromatizada con vainilla. Rocíelo con la salsa de frambuesa, espolvoréelo con azúcar glas y sírvalo.

Porridge Selva Negra de avena y trigo

Para 2 personas
Preparación 5 min
Cocción 7-8 min

2 CDAS. DE KIRSCH
2 CDAS. DE NATA PARA MONTAR
½ CDTA. DE AZÚCAR GLAS
¼ DE CDTA. DE PASTA DE VAINILLA
50 G DE COPOS DE AVENA
50 G DE COPOS DE TRIGO
350 ML DE LECHE DE COCO
50 G DE CEREZAS CORTADAS POR LA MITAD Y SIN HUESO, O CEREZAS AMARENAS CORTADAS POR LA MITAD
25 G DE CHOCOLATE NEGRO

Ponga el kirsch, la nata, el azúcar y la vainilla en un bol, y bátalo hasta que la nata empiece a ganar cuerpo.

Ponga la avena y el trigo en un cazo mediano, vierta la leche de coco y 350 ml de agua, y llévelo a ebullición. Cuando el líquido se empiece a reducir, remueva rápido para que el *porridge* no se pegue. Baje el fuego a temperatura medio-alta y cuézalo 7 u 8 minutos, o hasta que adquieran la consistencia deseada. Retírelo del fuego e incorpore la mitad del chocolate.

Reparta el *porridge* entre 2 boles. Añada las cerezas y la nata montada. Ralle el resto del chocolate por encima y sírvalo.

Centeno, trigo y espelta con caramelo salado, naranja al balsámico y canutillos

PARA 2 PERSONAS
PREPARACIÓN 2 MIN
COCCIÓN 15-20 MIN

2½ CDAS. DE AZÚCAR EXTRAFINO
1 CDTA. DE GLUCOSA LÍQUIDA
1½ CDAS. DE NATA PARA MONTAR
2 CDAS. DE MANTEQUILLA
  A TEMPERATURA AMBIENTE
1 PIZCA DE SAL MARINA
½ CDTA. DE VINAGRE BALSÁMICO
½ NARANJA PELADA Y DESGAJADA
  O EN RODAJAS
50 G DE COPOS DE CENTENO
25 G DE COPOS DE TRIGO
25 G DE COPOS DE ESPELTA
350 ML DE LECHE DE ALMENDRAS
2 CANUTILLOS DE BUENA CALIDAD

Ponga un cazo de fondo grueso a fuego medio. Añada el azúcar y la glucosa líquida, y caliéntelo hasta obtener un caramelo de color ambarino. No sacuda el cazo ni remueva el caramelo al principio.

Vierta la nata despacio y remueva bien. Retírelo del fuego e incorpore la mantequilla poco a poco, junto con la sal marina. Resérvelo.

Ponga un cazo pequeño a fuego medio. Eche el vinagre balsámico y la naranja en gajos o rodajas, y glaséela brevemente. Retírela del fuego.

Ponga el centeno, el trigo y la espelta en un cazo mediano, vierta la leche de almendra y 350 ml de agua, y caliéntelo a fuego vivo. Llévelo a ebullición. Cuando el líquido se empiece a reducir, remuévalo rápido para que el *porridge* no se pegue. Baje el fuego a temperatura medio-alta y cuézalo 10 minutos, o hasta que adquiera la consistencia deseada. Retírelo del fuego.

Reparta el *porridge* entre 2 boles. Añada la naranja y los canutillos, partidos por la mitad, rocíelo con el caramelo salado que desee y sírvalo.

Cuatro cereales con frutos secos caramelizados, cardamomo, plátano y pipas de calabaza

Para 2 personas
Preparación 5 min
Cocción 40 min

4 CDTAS. DE AZÚCAR
4 CDTAS. DE AZÚCAR MORENO
¼ DE CDTA. DE CANELA MOLIDA
¼ DE CDTA. DE SAL
2 CDTAS. DE CLARA DE HUEVO
½ CDTA. DE PASTA DE VAINILLA
60 G DE UNA MEZCLA DE PACANAS, NUECES, AVELLANAS Y ANACARDOS
1 PLÁTANO
½ CDTA. DE CARDAMOMO MOLIDO
25 G DE COPOS DE AVENA
25 G DE COPOS DE TRIGO
25 G DE COPOS DE CENTENO
25 G DE COPOS DE CEBADA
350 ML DE LECHE DE COCO
2 CDTAS. DE PIPAS DE CALABAZA TOSTADAS

Precaliente el horno a 150 °C. Forre una bandeja de horno grande con papel vegetal y resérvela.

En un bol, mezcle los dos tipos de azúcar con la canela y la sal. Resérvelo.

En un bol aparte, bata la clara de huevo con la vainilla y unas gotas de agua hasta que espume. Eche los frutos secos y remueva con suavidad hasta que se impregnen bien. Añada la mezcla de azúcar y canela, y remueva para rebozar los frutos secos.

Extienda los frutos secos en una sola capa sobre la bandeja preparada y tuéstelos 40 minutos, removiendo y dándoles la vuelta cada 15 minutos. Retírelos del horno y déjelos enfriar en la bandeja.

Mientras, corte el plátano por la mitad a lo largo y cada mitad en dos trozos para obtener 4 en total. Ponga una sartén antiadherente a fuego medio. Cuando esté caliente, eche el plátano y deje que se caramelice un poco antes de espolvorearlo con el cardamomo. Retírelo del fuego.

Ponga la avena, el trigo, el centeno y la cebada en un cazo mediano, vierta la leche de coco y 350 ml de agua, y caliéntelo a fuego vivo. Llévelo a ebullición. Cuando el líquido se empiece a reducir, remuévalo rápido para que el *porridge* no se pegue. Baje el fuego a temperatura medio-alta y cuézalo 7 u 8 minutos, o hasta que adquiera la consistencia deseada. Retírelo del fuego.

Reparta el *porridge* entre 2 boles. Añada el plátano y los frutos secos caramelizados, esparza las pipas de calabaza por encima y sírvalo.

Trigo sarraceno y avena con ron, piña y almendrados

Para 2 personas
Preparación 3 min
Cocción 20 min

85 G DE TRIGO SARRACENO
40 G DE AVENA CORTADA
350 ML DE LECHE DE COCO
25 G DE PIÑA TROCEADA
3 CDAS. DE RON NEGRO DE BUENA CALIDAD
2 ALMENDRADOS
1 CDTA. DE COCO FRESCO O DESHIDRATADO RALLADO
1 CDA. DE JARABE DE ARCE

Ponga el trigo sarraceno y la avena en un cazo mediano, vierta la leche de coco y 350 ml de agua, y caliéntelo a fuego medio. Llévelo a ebullición a fuego suave, tápelo y cueza el *porridge* 20 minutos, removiendo, hasta que adquiera la consistencia deseada. Retírelo del fuego.

Caliente una sartén a fuego medio-alto y eche la piña. Caramelícela por fuera un par de minutos y rocíela con 1 cucharada del ron. Retírelo del fuego.

Introduzca los almendrados en una bolsa de plástico pequeña para bocadillos o para congelar. Déjela abierta, envuélvala en un paño de cocina y machaque los almendrados con un rodillo.

Incorpore el resto del ron al *porridge* y repártalo entre 2 boles. Añada la piña y los almendrados desmenuzados. Esparza el coco por encima, rocíelo con el jarabe de arce y sírvalo.

Quinoa, mijo y avena con pera, crema de castañas y salsa de chocolate

Para 2 personas
Preparación 5 min
Cocción 30 min

50 G DE CASTAÑAS COCIDAS EN CONSERVA
¼ DE CDTA. DE PASTA DE VAINILLA
60 ML DE NATA ESPESA
1 CDTA. DE AZÚCAR EXTRAFINO
60 G DE CHOCOLATE NEGRO (CON UN 70% DE CACAO COMO MÍNIMO)
5 CDAS. DE NATA PARA MONTAR
½ CDTA. DE MANTEQUILLA
1 CDA. DE QUINOA
1 CDA. DE MIJO
350 ML DE LECHE DE COCO
50 G DE COPOS DE AVENA
1 PERA EN RODAJAS

Ponga las castañas, la vainilla, la nata espesa y el azúcar en un cazo pequeño, y llévelo a ebullición a fuego medio. Cuézalo 10 minutos, o hasta que las castañas estén tiernas. Páselo a una batidora o a un robot de cocina, y tritúrelo hasta obtener una crema homogénea. Resérvela.

Parta el chocolate en trozos pequeños. Póngalo en una cazuela de fondo grueso con la nata para montar y caliéntelo a fuego lento, removiendo de vez en cuando, hasta que se derrita y quede homogéneo. Incorpore la mantequilla, retírelo del fuego y resérvelo.

Ponga la quinoa y el mijo en un cazo mediano, vierta la leche de coco y 350 ml de agua, y caliéntelo a fuego medio. Llévelo a ebullición, tápelo y cuézalo 20 minutos. Incorpore la avena y suba el fuego a temperatura media. Remuévalo rápido hasta que el *porridge* adquiera la consistencia deseada. Si se absorbiese casi todo el líquido, añada otros 60 ml de agua. Retírelo del fuego.

Reparta el *porridge* entre 2 boles. Añada la pera, la crema de castañas y la salsa de chocolate, y sírvalo.

Amaranto, avena y kamut con cerezas, chocolate blanco, pistachos y semillas de chía

Para 2 personas
Preparación 3 min
Cocción 25 min

60 G DE AMARANTO
350 ML DE LECHE DE ALMENDRAS
6-8 CEREZAS FRESCAS O CONGELADAS
1 CDTA. DE AZÚCAR EXTRAFINO (OPCIONAL)
30 G DE COPOS DE AVENA
30 G DE COPOS DE KAMUT
25 G DE CHOCOLATE BLANCO PICADO
2 CDAS. DE PISTACHOS PICADOS FINOS
1 CDTA. DE SEMILLAS DE CHÍA
½ CDTA. DE ARÁNDANOS NEGROS DESHIDRATADOS EN POLVO (OPCIONAL)
1 CDA. DE JARABE DE ARCE

Ponga el amaranto en un cazo mediano, vierta la leche de almendras y 350 ml de agua, y caliéntelo a fuego vivo. Llévelo a ebullición, tápelo y baje el fuego. Cuézalo 15 minutos.

Mientras, si utiliza cerezas congeladas, póngalas en un cazo pequeño con 1 cucharada de agua y, si lo desea, el azúcar. Caliéntelas a fuego lento hasta que se descongelen. Si las cerezas son frescas, córtelas por la mitad y retíreles los huesos. Resérvelas.

Incorpore la avena y el kamut al amaranto, y suba el fuego a temperatura media. Si el amaranto absorbiese demasiado líquido, añada otros 60 ml de agua. Cueza el *porridge*, removiendo, 7 minutos, o hasta que adquiera la consistencia deseada. Retírelo del fuego.

Reparta el *porridge* entre 2 boles. Añada las cerezas, el chocolate, los pistachos y las semillas de chía. Si lo desea, espolvoréelo con los arándanos deshidratados, rocíelo con el jarabe de arce y sírvalo.

Seis cereales con higos asados, miel silvestre, pipas y semillas tostadas, y nata al café

Para 2 personas
Preparación 5 min
Cocción 20 min

4 higos maduros
2 cdtas. de miel silvestre
2 cdtas. de jerez amontillado
2 cdas. de nata montada fría
¼ de cdta. de café instantáneo
½ cdta. de azúcar extrafino
100 g de una mezcla de copos de avena, centeno, kamut, trigo, cebada y espelta
350 ml de leche de coco
2 cdas. de una mezcla de pipas de girasol y calabaza, y semillas de chía y sésamo

Precaliente el horno a 180 °C. Forre una bandeja de horno pequeña con papel vegetal y resérvela.

Corte una cruz en la parte superior de los higos. En un bol, mezcle la miel con el jerez, eche los higos y remueva para que se impregnen. Páselos a la bandeja preparada y rocíelos con la miel que haya quedado en el bol. Cúbralos con papel de aluminio y áselos unos 20 minutos. Retírelos del horno y deje que se enfríen un poco.

Mientras, prepare la nata al café. En un bol aparte, monte la nata con el café instantáneo y el azúcar. Resérvela.

Ponga los cereales en un cazo mediano, vierta la leche de coco y 350 ml de agua, y caliéntelo a fuego vivo. Llévelo a ebullición. Cuando el líquido se empiece a reducir, remuévalo rápido para que el *porridge* no se pegue. Baje el fuego a temperatura medio-alta y cuézalo durante unos 7 u 8 minutos, o hasta que adquiera la consistencia deseada. Retírelo del fuego.

Reparta el *porridge* entre 2 boles. Añada los higos asados y la nata al café. Esparza las pipas y semillas tostadas por encima, y sírvalo.

Mijo y quinoa con crema de naranja sanguina, moras y mascarpone

Para 2 personas
Preparación 5 min, más el tiempo para refrigerar
Cocción 25 min

1 huevo extragrande
2 cdas. de azúcar extrafino
½ cdta. de pasta de vainilla
1 cdta. de ralladura fina de naranja sanguina
3 cdas. de zumo de naranja sanguina recién exprimido
3 cdas. de zumo de limón recién exprimido
1 pizca de sal
2 cdas. de mantequilla en dados
100 g de mijo
60 g de quinoa
250 ml de leche de almendras
2 cdas. de mascarpone
2 cdtas. de moras deshidratadas en polvo

En un bol mediano, bata el huevo con el azúcar y la vainilla hasta obtener una crema espesa de color blanquecino. Resérvela.

Ponga la ralladura y el zumo de naranja, el zumo de limón y la sal en un cazo pequeño a fuego medio, y llévelo a ebullición. Cuando borbotee, vierta poco a poco la mitad del zumo en el bol de la crema de huevo mientras la bate constantemente con unas varillas. Viértalo todo en el cazo con el resto del zumo sin dejar de batir. Baje el fuego a temperatura medio-baja y remueva con una cuchara de madera unos 3 minutos, o hasta que la crema deje de borbotear y esté lo bastante espesa como para que quede adherida al dorso de una cuchara.

Retire la crema del fuego e incorpore la mantequilla poco a poco. Pásela a un bol mediano y cubra la superficie con film transparente. Deje que se enfríe y refrigérela hasta que esté fría.

Ponga el mijo y la quinoa en un cazo mediano, vierta la leche de almendras y 250 ml de agua, y caliéntelo a fuego vivo. Llévelo a ebullición. Baje el fuego, tápelo y cueza el *porridge* 15 minutos, o hasta que adquiera la consistencia deseada. Retírelo del fuego.

Reparta el *porridge* entre 2 boles. Añada la crema de naranja sanguina y el mascarpone. Espolvoréelo con las moras deshidratadas y sírvalo.

Quinoa, avena y trigo sarraceno con galletas Oreo, frutos rojos congelados y caramelo salado

Para 2 personas
Preparación 5 min
Cocción 28 min

1 CDA. DE QUINOA
40 G DE TRIGO SARRACENO
350 ML DE LECHE DE ALMENDRAS
50 G DE COPOS DE AVENA
2½ CDAS. DE AZÚCAR EXTRAFINO
1 CDTA. DE GLUCOSA LÍQUIDA
1½ CDAS. DE NATA PARA MONTAR
2 CDAS. DE MANTEQUILLA
A TEMPERATURA AMBIENTE
1 PIZCA DE SAL MARINA
2 GALLETAS OREO PARTIDAS EN TROZOS
40 G DE FRUTOS ROJOS CONGELADOS

Ponga la quinoa y el trigo sarraceno en un cazo mediano, vierta la leche de almendras y 350 ml de agua, y caliéntelo a fuego vivo. Llévelo a ebullición, tápelo y baje el fuego. Cuézalo 20 minutos.

Incorpore la avena y suba el fuego a temperatura media. Cueza el *porridge*, removiendo, 8 minutos, o hasta que adquiera la consistencia deseada. Si la quinoa absorbiese mucho líquido, añada otros 60 ml de agua. Retírelo del fuego.

Mientras, ponga el azúcar y la glucosa líquida en un cazo de fondo grueso a fuego medio. Caliéntelo hasta obtener un caramelo de color ambarino. No sacuda el cazo ni remueva el caramelo al principio.

Vierta la nata poco a poco y remueva bien. Retírelo del fuego e incorpore la mantequilla, despacio, junto con la sal marina.

Reparta el *porridge* entre 2 boles. Añada las galletas troceadas y los frutos rojos congelados. Rocíelo con el caramelo salado que desee y sírvalo.

Cinco cereales con arándanos rojos, pacanas y esponja de caramelo salada

Para 2 personas
Preparación 5 min
Cocción 20 min

100 G DE ARÁNDANOS ROJOS
1 CDA. DE OPORTO (OPCIONAL)
LA RALLADURA Y EL ZUMO DE 1 NARANJA
2 CDAS. DE AZÚCAR EXTRAFINO
1 PIZCA DE CANELA MOLIDA
1 PIZCA DE CARDAMOMO MOLIDO
100 G DE UNA MEZCLA DE COPOS DE AVENA, CENTENO, TRIGO, CEBADA Y ESPELTA
350 ML DE LECHE DE COCO
1½ CDAS. DE PACANAS TOSTADAS

PARA LA ESPONJA DE CARAMELO SALADA

55 G + 2 CDTAS. DE AZÚCAR EXTRAFINO
2 CDAS. DE JARABE DE ARCE
¾ DE CDA. DE BICARBONATO DE SODIO
⅓ DE CDTA. DE FLOR DE SAL MARINA

Forre una bandeja de horno con papel vegetal.

Para preparar la esponja de caramelo, mezcle el azúcar y el jarabe de arce con 1 cucharada de agua fría en un cazo de fondo grueso. Caliéntelo a fuego medio-fuerte y llévelo a ebullición sin remover. Cuézalo hasta que alcance los 160 °C y tome un color ambarino oscuro.

Trabajando deprisa, retire el cazo del fuego e incorpore el bicarbonato con unas varillas. No lo bata en exceso. A continuación, vierta el caramelo en la bandeja preparada, separándolo de las paredes y del fondo del cazo con una espátula refractaria. No lo alise, de lo contrario se eliminarían las burbujas de aire.

Esparza la sal marina por encima, ponga la bandeja en un lugar frío y seco, y deje enfriar la esponja de caramelo. Cuando esté fría, pártala en trozos irregulares con los dedos. Resérvela.

Si lo desea, mezcle los arándanos con el oporto, la ralladura y el zumo de naranja, el azúcar, la canela y el cardamomo en un cazo pequeño, y llévelo a ebullición. Baje el fuego y cuézalo de 5 a 10 minutos, o hasta que los arándanos estén tiernos y la salsa se espese. Pruébelo y añada más azúcar si fuese necesario. Incorpore las pacanas y déjelo enfriar.

Ponga la avena, el centeno, el trigo, la cebada y la espelta en un cazo mediano, vierta la leche de coco y 350 ml de agua, y caliéntelo a fuego vivo. Llévelo a ebullición. Cuando el líquido se empiece a reducir, remuévalo rápido para que el *porridge* no se pegue. Baje el fuego a temperatura medio-alta y cuézalo 8 minutos, o hasta que adquiera la consistencia deseada. Retírelo del fuego.

Reparta el *porridge* entre 2 boles. Añada los arándanos, los trozos de esponja de caramelo y las pacanas, y sírvalo.

Kamut y trigo con manzana, pera, semillas de lino y salsa de caramelo a la sidra

PARA 2 PERSONAS
PREPARACIÓN 5 MIN
COCCIÓN 15 MIN

120 ML DE SIDRA
3 CDAS. DE AZÚCAR MORENO BIEN COMPRIMIDO
1 CDA. DE MANTEQUILLA CON SAL
3 CDAS. DE NATA ESPESA
¼ DE CDTA. DE CANELA MOLIDA
½ CDTA. DE PASTA DE VAINILLA
¼ DE CDTA. DE SAL MARINA
50 G DE COPOS DE KAMUT
50 G DE COPOS DE TRIGO
350 ML DE LECHE DE COCO
1 MANZANA EN BASTONCITOS
½ PERA MADURA EN DADOS
1 CDA. DE SEMILLAS DE LINO

Ponga un cazo mediano a fuego medio-fuerte. Vierta la sidra y llévela a ebullición. Cuando se haya reducido a 1 cucharada, añada rápidamente el azúcar moreno, la mantequilla, la nata y la canela. Prosiga con la cocción hasta que el caramelo espese y se empiece a oscurecer. Retírelo del fuego, e incorpore la vainilla y la sal. A medida que se enfríe, la salsa de caramelo se espesará.

Ponga el kamut y el trigo en un cazo mediano, vierta la leche de coco y 350 ml de agua, y caliéntelo a fuego vivo. Llévelo a ebullición. Cuando el líquido se empiece a reducir, remuévalo rápido para que el *porridge* no se pegue. Baje el fuego a temperatura medio-alta y cuézalo de 8 a 12 minutos, o hasta que adquiera la consistencia deseada. Retírelo del fuego.

Reparta el kamut y el trigo entre 2 boles. Añada la pera en dados y la manzana en bastoncitos. Rocíelo con la salsa de caramelo que desee, esparza las semillas de lino por encima y sírvalo.

Trigo sarraceno y avena con sésamo, amaranto inflado, moras y nata montada

Para 2 personas
Preparación 3 min
Cocción 20 min

1 CDTA. DE ACEITE DE SÉSAMO
1 CDTA. DE SEMILLAS DE SÉSAMO
2 CDAS. DE AMARANTO INFLADO
½ CDTA. DE AZÚCAR EXTRAFINO
70 G DE MORAS
80 G DE TRIGO SARRACENO
350 ML DE LECHE DE ALMENDRAS
50 G DE COPOS DE AVENA
4 CDAS. DE NATA ESPESA MONTADA
2 CDAS. DE JARABE DE ARCE

Caliente un cazo mediano a fuego medio. Eche el aceite de sésamo, las semillas de sésamo, el amaranto inflado y el azúcar. Sacuda el cazo para que el amaranto se impregne bien. Pasado 1 minuto, retírelo del fuego, o cuando el amaranto se empiece a dorar. Resérvelo.

Caliente un cazo mediano a fuego medio y añada las moras y 1 cucharada de agua. Déjelo 2 o 3 minutos para que la fruta se desmenuce un poco. Retírelo del fuego.

Ponga el trigo sarraceno en un cazo mediano, vierta la leche de almendras y 350 ml de agua, y caliéntelo a fuego vivo. Llévelo a ebullición, tápelo y cuézalo durante 15 minutos. A continuación, eche la avena y cueza el *porridge* hasta que adquiera la consistencia deseada. Si el trigo absorbiese mucho líquido, añada otros 60 ml de agua. Retírelo del fuego.

Reparta el trigo y la avena entre 2 boles. Eche las moras y la nata montada. Esparza el amaranto inflado por encima, rocíelo con el jarabe de arce y sírvalo.

Avena y kamut con puré de fresa, merengues de grosella negra y sésamo

Para 2 personas
Preparación 10 min
Cocción 1½ horas, más el tiempo para enfriar

50 g de grosellas negras
1 cdta. de azúcar glas
½ clara de huevo
2 cdas. de azúcar extrafino
60 g de fresas sin pedúnculo
40 g de avena cortada
50 g de copos de kamut
350 ml de leche de coco
2 cdtas. de semillas de sésamo

Precaliente el horno a 120 °C. Forre una bandeja de horno con papel vegetal.

Ponga las grosellas en un cazo con 2 cucharaditas de agua. Caliéntelo a fuego medio, llévelo a ebullición y cuézalo 5 minutos, o hasta que las grosellas estén tiernas. Páselas por un colador. Antes de que se enfríe el puré de grosella, tamice el azúcar glas encima y remueva bien. Deje que se termine de enfriar.

Monte la clara de huevo a punto de nieve. Incorpore el azúcar extrafino a cucharaditas hasta obtener un merengue satinado y espeso.

Añada 1 cucharadita del puré de grosella al merengue y remueva superficialmente para crear un efecto veteado. Introduzca el merengue en una manga pastelera y deje caer de 6 a 8 gotas en la bandeja preparada. Hornee los merengues 1½ horas y déjelos dentro con la puerta abierta hasta que el horno se haya enfriado del todo.

Ponga las fresas en una batidora y tritúrelas hasta obtener un puré. Resérvelo.

Ponga la avena en un cazo mediano, vierta la leche de coco y 350 ml de agua, y caliéntelo a fuego vivo. Llévelo a ebullición, baje el fuego, tápelo y cuézalo 15 minutos. Añada el kamut y cueza el *porridge* unos minutos más, o hasta que adquiera la consistencia deseada. Si los cereales absorbiesen mucho líquido, añada otros 60 ml de agua. Retírelo del fuego.

Reparta la avena y el kamut entre 2 boles. Añada los merengues, y el puré de fresa y de grosella negra que desee. Esparza las semillas de sésamo por encima y, si lo desea, un merengue desmenuzado. Sírvalo.

Cuatro cereales con compota de frutos rojos al regaliz, galletas de jengibre y coco

Para 2 personas
Preparación 2 min
Cocción 10 min

100 G DE FRUTOS ROJOS CONGELADOS (FRESAS, FRAMBUESAS Y ARÁNDANOS NEGROS)
2 CDTAS. DE AZÚCAR EXTRAFINO
¼ DE CDTA. DE REGALIZ EN POLVO O 1 TROZO DE RAÍZ DE REGALIZ DE 2,5 CM
25 G DE COPOS DE AVENA
25 G DE COPOS DE KAMUT
25 G DE COPOS DE TRIGO
25 G DE COPOS DE CENTENO
350 ML DE LECHE DE ALMENDRAS
2 GALLETAS DE JENGIBRE DE BUENA CALIDAD
2 CDTAS. DE COCO FRESCO O DESHIDRATADO RALLADO

Ponga los frutos rojos en un cazo pequeño y caliéntelos a fuego medio. Añada 2 cucharadas de agua. Cuézalos 5 minutos, o hasta que estén tiernos. Retírelos del fuego, e incorpore el azúcar y el regaliz.

Ponga la avena, el kamut, el trigo y el centeno en un cazo mediano, vierta la leche de almendra y 350 ml de agua, y caliéntelo a fuego vivo. Llévelo a ebullición. Cuando el líquido se empiece a reducir, remuévalo rápido para que el *porridge* no se pegue. Baje el fuego a temperatura medio-alta y cuézalo unos 7 u 8 minutos, o hasta que adquiera la consistencia deseada. Retírelo del fuego.

Reparta el *porridge* entre 2 boles. Agregue la compota de frutos rojos, esparza las galletas de jengibre desmenuzadas y el coco por encima, y sírvalo.

Quinoa y centeno con pistachos, pera y palomitas con caramelo salado

Para 2 personas
Preparación 5 min
Cocción 25 min

25 G DE PISTACHOS PELADOS
½ PERA MADURA EN LÁMINAS FINAS A LO LARGO
80 G DE QUINOA
350 ML DE LECHE DE ALMENDRAS
50 G DE COPOS DE CENTENO
1 CDTA. DE RALLADURA DE NARANJA
4 CDAS. DE PALOMITAS CON CARAMELO SALADO
2 CDTAS. DE ZUMO DE NARANJA

Ponga los pistachos en un molinillo de café o un robot de cocina. Muélalos o tritúrelos hasta obtener un polvo fino, pero no una pasta. (Si lo prefiere, macháquelos en un mortero.) Reserve 1 cucharadita del polvo de pistacho para esparcir sobre el *porridge*.

Caliente una sartén a fuego medio y eche la pera. Deje que se dore un poco por ambos lados y retírela del fuego.

Ponga la quinoa en un cazo mediano, vierta la leche de almendras y 300 ml de agua, y caliéntelo a fuego vivo. Llévelo a ebullición, tápelo y baje el fuego. Cuézala unos 15 minutos.

Incorpore el centeno y el polvo de pistacho, y suba el fuego a temperatura media. Si la quinoa absorbiese mucho líquido, añada otros 120 ml de agua. Remueva hasta que el *porridge* adquiera la consistencia deseada y retírelo del fuego.

Reparta el *porridge* entre 2 boles. Añada la pera y esparza por encima la ralladura de naranja, las palomitas y el polvo de pistacho reservado. Rocíelo con el zumo de naranja y sírvalo.

Avena y cebada con limón, semillas de chía y almendras caramelizadas

PARA 2 PERSONAS
PREPARACIÓN 5 MIN
COCCIÓN 20 MIN

2 CDAS. DE AZÚCAR EXTRAFINO
1 CDTA. DE CANELA MOLIDA
70 G DE ALMENDRAS ENTERAS ESCALDADAS
50 G DE COPOS DE AVENA
50 G DE COPOS DE CEBADA
2 CDAS. DE SEMILLAS DE CHÍA
350 ML DE LECHE DE COCO
4 CDAS. DE CREMA DE LIMÓN
1 CDTA. DE RALLADURA DE LIMÓN
1 CDTA. DE MACA EN POLVO

Ponga el azúcar, la canela y 1 cucharada de agua en un cazo pequeño a fuego medio-fuerte, y caliéntelo hasta que se disuelva el azúcar. Eche las almendras y remueva constantemente con una espumadera metálica para que se impregnen bien unos 5 minutos, o hasta que cristalice el azúcar, que debería quedar con una textura arenosa. Retírelo del fuego y resérvelo.

Ponga la avena, la cebada y las semillas de chía en un cazo mediano. Vierta la leche de coco y 350 ml de agua, y caliéntelo a fuego vivo. Llévelo a ebullición. Cuando el líquido se empiece a reducir, remuévalo rápido para que el *porridge* no se pegue. Baje el fuego a temperatura medio-alta y cuézalo 5 o 6 minutos, o hasta que adquiera la consistencia deseada. A continuación, incorpore la crema de limón, la ralladura y la maca en polvo. Retírelo del fuego.

Reparta el *porridge* entre 2 boles, esparza las almendras caramelizadas por encima y sírvalo.

Quinoa, cebada y espelta con piña asada, pimienta larga de Java y mango

PARA 2 PERSONAS
PREPARACIÓN 5 MIN
COCCIÓN 25 MIN

60 G DE PIÑA EN TROZOS
2 CDTAS. DE MIEL
½ MANGO TROCEADO
1 ESPIGA DE PIMIENTA LARGA DE JAVA O 5 GRANOS DE PIMIENTA NEGRA
¼ DE CDTA. DE STEVIA O 2 CDTAS. DE AZÚCAR EXTRAFINO
60 G DE QUINOA
350 ML DE LECHE DE COCO
25 G DE COPOS DE CEBADA
25 G DE COPOS DE ESPELTA
1 CDA. DE CRÈME FRAÎCHE
1 CDA. DE ALMENDRA LAMINADA TOSTADA

Precaliente el horno a 180 °C. Forre una bandeja de horno con papel vegetal.

Extienda la piña sobre la bandeja preparada y rocíela con la miel. Ásela 25 minutos, retírela del horno y resérvela.

Mientras, ponga el mango, la pimienta, la stevia o el azúcar y 2 cucharadas de agua en un cazo pequeño. Cuézalo a fuego medio 5 minutos. Retírelo del fuego, deseche la pimienta y resérvelo.

Ponga la quinoa en un cazo mediano, vierta la leche de coco y 350 ml de agua, y caliéntela a fuego medio-bajo. Llévela a ebullición, tápela y cuézala 15 minutos. Eche la cebada y la espelta, y suba el fuego a temperatura media. Si la quinoa absorbiese mucho líquido, añada otros 60 ml de agua. Remueva todo hasta que el *porridge* adquiera la consistencia deseada. Retírelo del fuego.

Reparta el *porridge* entre 2 boles. Disponga la piña y el mango encima. Añada la *crème fraîche*, esparza la almendra laminada por encima y sírvalo.

Glosario

Glosario

Amaranto Semilla de origen sudamericano que consumían los aztecas, de ahí que se diga que es un cereal antiguo. El grano es muy pequeño en comparación con los copos de avena u otros cereales en copos, como la cebada y el centeno. Cuando se cuece sin otros cereales que lo acompañen, tiene una textura gelatinosa. No contiene gluten.

Amaranto inflado El grano del amaranto se sancocha y se seca después en el horno para que se hinche como las palomitas de maíz.

Anís estrellado Especia que se caracteriza por su forma de estrella de ocho puntas y su sabor parecido al del anís, aunque no tiene nada que ver con esta planta. Se emplea en platos dulces y salados.

Arándanos negros en polvo Los arándanos se deshidratan y se trituran hasta quedar reducidos a un polvo. Muy rico en antioxidantes, vitaminas y nutrientes, se añade a batidos y yogures, o se espolvorea sobre postres y cereales.

Arándanos rojos en polvo Los arándanos se deshidratan y se trituran hasta quedar reducidos a un polvo. Muy ácido y nutritivo, se puede añadir a batidos y yogures, o espolvorear sobre postres y boles de cereales para aportar acidez.

Arroz venere El arroz venere, como el integral, es más nutritivo que el arroz blanco. Contiene altos niveles de antioxidantes, hierro y vitamina E. De suave sabor a frutos secos, no contiene gluten.

Avena cortada Granos enteros de avena cortados en dos o tres trozos. Tardan más en cocerse que los copos de avena enteros.

Bayas de goji Bayas pequeñas y apergaminadas, de color naranja rojizo, que se cultivan en China y tienen un sabor dulce pero herbáceo. Muy nutritivas, son ricas en antioxidantes. Se venden en tiendas de dietética y supermercados, deshidratadas. Se pueden añadir a un bol de cereales, batidos y yogures.

Brotes de guisantes Hojas de la planta del guisante joven. Ricos en vitaminas C y A, y proteínas, tiene un suave sabor a guisante. Son perfectos para adornar un bol de cereales y están deliciosos en ensalada.

Café instantáneo Granos de café molidos a los que se les añade agua para preparar esta bebida.

Canutillos Especialidad de repostería que se cuece en el horno y se enrolla en forma de tubos y, a veces, se rellena con nata o crema pastelera. Su sabor es muy parecido al del pan de jengibre.

Cebada perlada La cebada se considera un cereal integral que se suele asociar a la producción de cerveza y whisky. Para elaborar la cebada perlada, se separa la cáscara del grano y se elimina el salvado con vapor.

Cerezas amarenas Cultivadas en Bolonia y Módena (Italia), estas cerezas pequeñas, de sabor más bien amargo, se suelen vender en conserva.

Ciruelas claudias De origen europeo, también se cultivan en otros países. Su color oscila entre el verde oscuro y el amarillo. Dulces y muy jugosas, con una pulpa tierna y aromática, lo mejor es degustarlas crudas.

Colinabo Hortaliza de color verde o morado que pertenece a la familia de la col. Guarda cierto parecido con el nabo.

Colmenillas Setas muy apreciadas por su característico sabor. El sombrerillo cónico perforado es como una colmena de agujeros pequeños y profundos, de ahí que haya que limpiarlo a fondo con varios cambios de agua. Las colmenillas con el sombrerillo oscuro, de color negro amarronado, son las más apreciadas; las «rubias» son más abundantes. Se deben cocer muy bien para eliminar las sustancias tóxicas que contienen.

Copos de avena finos Granos de avena prensados. Los copos de avena son ricos en proteínas, minerales y vitaminas. Son el cereal más utilizado para preparar el *porridge*.

Copos de avena gruesos Granos de avena grandes prensados. Los productores de cereales separan los copos de mayor tamaño para venderlos aparte. Si no encuentra, se pueden sustituir por copos de avena de tamaño estándar.

Copos de cebada La cebada se considera un cereal integral asociado a la producción de cerveza y whisky. Los copos de cebada tienen una textura y un sabor más delicados que otros cereales integrales.

Copos de centeno El centeno se suele utilizar como ingrediente para hacer pan y, en algunos casos, whisky y vodka. Aun así, cuando los granos se prensan, constituyen una alternativa deliciosa a los copos de avena.

Copos de espelta Pariente cercano al trigo, la espelta es muy rica en nutrientes. Prensada en forma de copos, se cuece mucho más deprisa que el farro italiano perlado (espelta perlada).

Copos de kamut De origen árabe y asiático, es una deliciosa alternativa, con sabor a frutos secos, al trigo.

Copos de trigo Probablemente sea el cereal más conocido después del arroz y el maíz. Los copos de trigo son un cereal integral muy nutritivo.

Espino amarillo en polvo Las bayas de espino amarillo son pequeñas, de color naranja y suelen crecer en litorales arenosos. Poseen un sabor ácido, parecido al limón, que recuerda al del maracuyá. Muy nutritivas, las bayas se secan y se trituran en forma de polvo, que se puede añadir a batidos y yogures, o espolvorear sobre postres y cereales.

Farro italiano perlado También conocido como espelta perlada, el farro es muy parecido al trigo y posee muchos nutrientes. Para elaborar el farro perlado, se separa la cáscara del grano y se elimina el salvado con vapor. Su sabor recuerda al de los frutos secos.

Galletas de jengibre Galletas condimentadas con jengibre en polvo y otras especias, como canela, nuez moscada y melaza.

Glucosa líquida Jarabe espeso elaborado a base de dextrosa con dextrinas, maltosa y agua. Se utiliza para que el caramelo quede más fluido a bajas temperaturas, o para que los glaseados resulten más maleables.

Guindas Especie muy parecida a la cereza dulce, pero más rica en nutrientes y con un característico sabor agridulce. Se pueden tomar frescas o congeladas. Son perfectas para platos salados, mermeladas, jaleas y tartas, o esparcidas sobre un bol de cereales caliente.

Kinder Schocko-Bons Fabricados por la marca de chocolatinas Kinder, estos minihuevos de chocolate están rellenos de una mezcla de leche y avellanas. Por fuera están recubiertos de chocolate con leche extrafino.

Kirsch Aguardiente de cerezas incoloro.

Leche de almendras Leche de origen vegetal que, en su versión casera, se elabora con almendras y agua. Posee una textura cremosa y un ligero sabor a frutos secos. No contiene lactosa; por ello, las personas intolerantes a la lactosa o veganas la toman en lugar de leche de vaca. En la actualidad varias marcas producen leche de almendras envasada, que se vende en supermercados y tiendas de dietética.

Glosario

LECHE DE AVELLANAS Leche vegetal que, en su versión casera, se elabora con avellanas y agua. Posee una textura cremosa y sabor a frutos secos. No contiene lactosa; por ello, las personas intolerantes a la lactosa o veganas la toman en lugar de leche de vaca. Se vende en tiendas de dietética y en algunos supermercados.

LECHE DE COCO La leche de coco, que no se debe confundir con la que se vende en lata, es una bebida elaborada con pulpa de coco y agua. Se comercializa en envases de cartón y se suele vender en tiendas de dietética, aunque cada vez es más frecuente encontrarla en los supermercados.

LICOR DE FLORES DE SAÚCO Jarabe hecho con azúcar, agua y las flores de color crema del saúco. Este árbol florece a principios de verano y las flores duran muy poco tiempo.

MIEL SILVESTRE Variedad de miel elaborada por abejas silvestres en árboles, rocas o cualquier otro lugar que no sea una colmena artificial.

MIJO Muy conocido en Asia y África, es uno de los cereales más pequeños que existen, pero es rico en proteínas y vitaminas. No contiene gluten.

MORAS DESHIDRATADAS EN POLVO Las moras se deshidratan y se trituran hasta que quedan reducidas a un polvo. Se trata de un producto muy nutritivo que se puede añadir a batidos y yogures, o espolvorear sobre postres y cereales.

NUECES ENCURTIDAS Nueces, recolectadas cuando aún están verdes, que se dejan en salmuera, se escurren, se dejan secar y se conservan en tarros con más salmuera. Se consideran un producto de lujo.

PASTA DE VAINILLA Pasta concentrada elaborada con las semillas de las vainas de vainilla. Más económica que las vainas, es además más práctica, porque viene envasada y basta ir sacándola a cucharaditas.

PIMIENTA LARGA DE JAVA Fruto en forma de espiga que se suele secar y utilizar como especia. La pimienta negra es una buena alternativa.

POLEN DE ABEJAS Bolitas de polen, pequeñas y de color amarillo, que producen las abejas. Se venden como producto dietético. No tome polen de abejas si está embarazada, es madre lactante, sigue una dieta vegana o es alérgica al polen.

PULPA DE ACAI La pulpa de bayas de acai (o açaí) se obtiene de la palmera de acai, un árbol oriundo de Centroamérica y Sudamérica, donde estas bayas son muy apreciadas por sus propiedades nutritivas. Trituradas hasta obtener una pulpa, esta se congela para poder utilizarse fácilmente en bebidas y otros líquidos. Presenta un intenso sabor afrutado, parecido al del chocolate, y es muy rica en antioxidantes y vitaminas que refuerzan el sistema inmunitario, así como en ácidos grasos omega esenciales.

QUINOA Grano originario de Perú que no se clasifica como una gramínea, como el trigo por ejemplo. Se considera un superalimento por su alto contenido en proteínas y por sus numerosos nutrientes. No contiene gluten.

REBOZUELOS También conocida como chantarela, esta seta de sabor exquisito se caracteriza por su dulce olor, como el de los albaricoques. En forma de trompeta, de color amarillo anaranjado y con una textura algo correosa, enriquece muchos platos con su delicioso sabor a frutos secos.

REGALIZ EN POLVO Obtenido de la raíz de la *Glycyrrhiza glabra*, se utiliza para hacer dulces y se puede añadir a platos dulces o salados, a los que aporta un sabor anisado.

REQUESÓN DE CABRA Queso que se obtiene al añadir cuajo a la leche de cabra para separar la cuajada del suero. De sabor suave y delicioso, contiene menos lactosa que el requesón de leche de vaca.

Salsa chimichurri Salsa verde originaria de Argentina que se suele servir con carne asada. Los ingredientes principales son: perejil, ajo, orégano, cilantro, guindillas, aceite vegetal y vinagre de vino blanco.

Semillas de chía Semillas de la planta del mismo nombre. Esta especie, de pequeñas flores azules, pertenece a la familia de la menta y es originaria del sudoeste de Estados Unidos y México. Las flores y las semillas comestibles son muy nutritivas, y enriquecen comidas y bebidas. Hoy en día sc utilizan mucho en platos crudos y saludables. Las semillas, de color gris negruzco del tamaño de las semillas de amapola, se hinchan al estar en remojo y constituyen un espesante muy práctico. Si se muelen o machacan antes de utilizarse, son más digestivas.

Semillas de lino (linaza) Semillas de cualquier planta del género *Linum*. Las plantas son esbeltas y presentan hojas lanceoladas y flores azules. Las semillas son ricas en fibra y magnesio. Se pueden comer enteras pero, para que resulten más fáciles de digerir y absorber, es mejor molerlas antes de utilizarlas (refrigeradas, se deben consumir en el plazo de una semana).

Stevia Edulcorante extraído de la hoja de la stevia. Aunque en la actualidad es un producto altamente procesado, se obtiene de una fuente natural. Mucho más dulce que el azúcar, se puede comprar granulada o líquida.

Trigo sarraceno También llamado alforfón, el trigo sarraceno no tiene nada que ver con el trigo. Es rico en hidratos de carbono complejos y no contiene gluten.

Virutas de cacao puro Los *nibs* de cacao, conocidos como virutas, plumas o puntas de cacao, son la forma pura del chocolate antes de que se procese. Las semillas se dejan fermentar, se secan, se tuestan y se descascarillan. Muy crujientes y amargas (no se endulzan), se pueden picar finas, machacar o incluso reducir a un polvo para enriquecer los platos con un intenso sabor a cacao.

Proveedores

ESPAÑA

1001 especias
www.1001especias.com
Venta de especias, tés e infusiones.

Casa Ruiz
www.casaruizgranel.com
Venta a granel de cereales y granos, harinas y sémolas, algas y setas deshidratadas, chocolates y cacaos, productos ecológicos, etc.

Degustam
www.degustam.com
Venta de productos gourmet.

El Club del Gourmet de El Corte Inglés
www.elcorteingles.com
Venta de productos gourmet y delicatessen.

El Granero
www.elgranero.com
Venta de productos ecológicos y dietas especiales (celiacos, diabéticos, vegetarianos o veganos).

Fruto Seco
www.frutoseco.com
Venta de frutos secos, frutas deshidratadas, semillas y cereales.

Ikea Market
www.ikea.com
Tienda especializada en productos suecos.

Jaime J. Renobell
www.jremobell.es
Tienda especializada en legumbres, frutos secos, harinas, especias y alimentos biológicos situada en el corazón de Barcelona.

Kuhn Rikon
www.kuhnrikon.com
Venta de utensilios de cocina.

La Natural
www.la-natural.es
Venta de productos ecológicos.

Mundo Arcoiris
www.mundoarcoiris.com
Venta de superalimentos.

Obbio
obbiofood.com
Supermercado ecológico situado en Barcelona.

Planeta Huerto
www.planetahuerto.es
Supermercado de productos ecológicos.

Planeta Vegano
www.planetavegano.com
Tienda de productos vegetarianos y veganos.

Sabores del Mundo
www.saboresmundo.com
Tienda situada en el centro de Madrid que vende productos de distintos lugares del mundo, como EE. UU., Reino Unido, India, Japón, China y México. También realiza ventas online.

Setas
www.setas.es
Tienda online especializada en la venta de setas.

Superalimentos
www.superalimentos.tienda
Venta de superalimentos ecológicos online.

Vegaffinity
www.vegaffinity.com
Tienda de productos vegetarianos y veganos.

ARGENTINA

La Esquina de las Flores
www.esquinadelasflores.com.ar
Restaurante y tienda de alimentación de productos naturales: cereales, harinas, legumbres y panes.

El Rincón Orgánico
www.elrinconorganico.com.ar
Tienda de productos orgánicos con servicio de entrega a domicilio, restaurante y catering para celebraciones.

CHILE

Calperdiu
calperdiu.cl
Empresa dedicada a la elaboración de embutidos, aunque también vende otros productos.

Dellanatura
www.dellanatura.cl
Tienda centrada en productos naturales y orgánicos.

Tostaduría Talca
www.tostaduriatalca.cl
Venta de cereales, harinas, condimentos, tés e infusiones, frutos secos y deshidratados.

MÉXICO

The Green Corner
thegreencorner.org
Venta de productos ecológicos, obtenidos mediante técnicas de agricultura sostenible.

Pueblo Orgánico
www.puebloorganico.mx
Tienda especializada en productos de origen natural: cereales, aceite, harina, mermelada, especias, cacao y té.

URUGUAY

Casa Singer
www.casasinger.com
Venta de productos de origen europeo, con especial énfasis en frutos secos, especias y condimentos. Realiza ventas online.

El Naranjo
www.elnaranjo.com.uy
Venta de alimentos para celiacos, diabéticos, vegetarianos, etc. y gastronomía especializada. Se pueden realizar compras online.

Mercado Verde
www.mercadoverde.com.uy
Tienda enfocada en la venta de productos orgánicos, naturales y saludables.

Índice

Los números en **negrita** hacen referencia a las ilustraciones

AGRADECIMIENTOS

Este libro es fruto de los avatares del destino, por lo que me siento realmente afortunado. Sin el apoyo incondicional de mis padres, Ian y Daniela Williamson, así como de la sufrida pareja de mi madre, Serif Fateh, no habría podido abrir el Porridge Café, verdadero origen de esta publicación.

Quiero expresar mi más profundo agradecimiento a Eleanor Harrington por sus incansables horas de dedicación, sus más de 400 horas de trabajo intenso durante un inolvidable mes en marzo de 2015 y su constante inspiración. Y por creer en mí. Además, contribuyó en gran medida a la confección de las recetas de este libro. Has sido mi cómplice, dentro y fuera de la cocina.

Esto me lleva a mostrar mi gratitud a Mike y Patsy: gracias a vosotros hemos salido adelante muchos días, así que os agradezco enormemente vuestro tiempo y vuestra paciencia.

Muchos amigos se han ofrecido a trabajar gratis y, en muchos casos, han probado las recetas para garantizar que fueran, como mínimo, comestibles.

Gracias infinitas a Maxine, Scarlett y Rufus, cuyas manos están presentes en todas estas páginas.

Gracias también a Robert, que me vio en un artículo y me llamó para preguntarme si me gustaría escribir el libro. Tu entusiasmo fue contagioso y tu empeño no ha sido en vano.

Gracias a Ellie Smith y Liz Clinton por ser tan pacientes conmigo y darme un empujoncito; la escritura no es mi fuerte, así que gracias por vuestra ayuda. Gracias a Sam Wolfson y Dan Adams por el diseño, y a Sophie Hodgkin por asegurarse de que mi manera de escribir no pareciera la de un niño de diez años.

Gracias al fotógrafo Andy Sewell y a Pene Parker por ayudarme a emplatar las recetas, y a todos los modelos de manos que han hecho realidad este libro.

NOTAS SOBRE LAS RECETAS

Salvo que se indique otra cosa, las frutas y verduras, como las cebollas y las manzanas, serán de tamaño mediano.

Las hierbas son siempre frescas, a no ser que se indique otra cosa.

Los tiempos de cocción y deshidratación son orientativos, pudiendo variar en función del horno y del deshidratador. Si utiliza un horno de convección, siga las indicaciones del fabricante.

Tenga cuidado al preparar recetas que conlleven un cierto riesgo, incluido el uso de altas temperaturas, llamas directas y procesos de fritura.

Algunas recetas sin frutos secos incluyen coco y derivados, y/o piñones. El coco se considera una drupa con mesocarpio seco; la parte marrón y fibrosa es su semilla. En cambio, los piñones son semillas y, por ello, su consumo es seguro para las personas alérgicas a los frutos secos. Algunas personas pueden ser alérgicas a estos alimentos sin tener alergia a los frutos secos; del mismo modo, los alérgicos a los frutos secos también pueden serlo al coco o a los piñones. Si es alérgico a los frutos secos, le aconsejamos que tenga cuidado con estos alimentos y consulte a su médico.

Algunas recetas incluyen polen. Las mujeres embarazadas o en periodo de lactancia deberían evitarlas, así como quienes tengan alergia a este ingrediente.

En algunas recetas se utilizan huevos crudos o poco hechos. Los niños, ancianos, mujeres embarazadas, enfermos o las personas con deficiencias del sistema inmunitario deberían evitar tomarlos.

Cuando no se especifiquen cantidades, es el caso del aceite, la sal y las hierbas aromáticas utilizadas para terminar un plato, las cantidades serán siempre discrecionales y flexibles.

Las hierbas, flores, hojas y brotes deben ser frescos, de procedencia limpia y segura. Tenga cuidado al recolectar ingredientes, solo se deben ingerir si un experto determina que son comestibles.

Las cucharadas serán rasas.
1 cdta. = 5 ml; 1 cda. = 15 ml

Phaidon Press Limited
Regent's Wharf
All Saints Street
Londres N1 9PA

Phaidon Press Limited
65 Bleecker Street
Nueva York, NY 10012

phaidon.com

Primera edición en español 2017

ISBN 978 0 7148 7358 9

Directora editorial
Ellie Smith

Editoras de proyecto
Elizabeth Clinton y Sophie Hodgkin

Responsable de la edición española
Capucine Coninx

Producción
Amanda Mackie

Diseño de BLOK
www.blokdesign.co.uk

Traducción del inglés
Carmen Franch e Irene Penas
para Cillero & de Motta

Fotografía
Andy Sewell

El editor desea agradecer a
Jamie Ambrose, Adrienne Anderson, Vanessa Bird, Maxine Brady, Scarlett Brady, Serif Fateh, Diane Fortenberry, Jan Fullwood, Naomi James, Hannah Kaspar, Vishwa Kaushal, Leonie Kellman, Shahid Mahmood, Sami Mahmood, Virginia McLeod, João Mota, Laura Nickoll, Robert Gwyn Palmer, Pene Parker, Jana Polakova, Matilda Slight, Tracey Smith, Hans Stofregen y Zek Tahir su colaboración en esta obra.

Impreso en China